绿色发展与新质生产力丛书

Research on the Impact of Urbanization on
Carbon Emissions

我国城镇化对二氧化碳排放的影响研究

胡雷 著

东北财经大学出版社
Dongbei University of Finance & Economics Press
大连

图书在版编目（CIP）数据

我国城镇化对二氧化碳排放的影响研究 / 胡雷著. —大连：东北财经大学出版社，
2024.5

（绿色发展与新质生产力丛书）

ISBN 978-7-5654-5185-0

Ⅰ.我…　Ⅱ.胡…　Ⅲ.城市化-影响-二氧化碳-排气-研究-中国　Ⅳ.①F299.21
②X511

中国国家版本馆CIP数据核字〔2024〕第056153号

东北财经大学出版社出版发行

　　大连市黑石礁尖山街217号　邮政编码　116025

　　网　　址：http://www.dufep.cn

　　读者信箱：dufep @ dufe.edu.cn

大连永盛印业有限公司印刷

幅面尺寸：170mm×240mm　　字数：130千字　印张：10

2024年5月第1版　　　　　　2024年5月第1次印刷

责任编辑：刘东威　　　　　　责任校对：雪　园

封面设计：原　皓　　　　　　版式设计：原　皓

定价：55.00元

教学支持　售后服务　　联系电话：（0411）84710309
版权所有　侵权必究　　举报电话：（0411）84710523
如有印装质量问题，请联系营销部：（0411）84710711

北京工业大学教育基金会捐赠项目
(项目编号：2023022)

前 言

　　我国正处于城镇化快速发展时期，城镇化的快速发展带来了资源消耗过大、环境污染严重等问题，传统的城镇化发展模式已难以为继，亟需进行新型城镇化转型。作为二氧化碳的排放大国，在外部面临巨大的应对气候谈判的压力和内部经济发展转型的双重压力下，绿色低碳发展是我国新型城镇化发展的重要方向。基于此，本书以"我国城镇化对二氧化碳排放的影响研究"作为选题，对城镇化和二氧化碳排放的关系进行了深入研究，研究城镇化影响二氧化碳排放的作用机理、二者关系的时间和空间变动规律，以期为我国特色新型城镇化发展和应对气候变化工作提供决策参考。

　　本书在系统梳理相关研究文献的基础上，从我国城镇化发展和二氧化碳排放现状及特点出发，以理论分析和实证分析相结合，深入探讨了我国城镇化对二氧化碳排放的影响机理，从时间、空间以及城市不同部门等多角度并结合工业化、市场化发展状况等多方面，揭示了我国城镇化发展影响二氧化碳排放的内在规律，得到了一些启发性结论，提出了针对性的对策建议。

　　城镇化过程中的经济规模、结构变化和技术效应是影响二氧化碳排放的三个主要因素。本书作者经过量化分析发现：城镇化导致的经济增长是人均二氧化碳排放增加的主要拉动因素；而城镇化过程中产业结构和能源消费结构调整是人均二氧化碳排放降低的主要因素；城镇化过程中的技术效应使人均二氧化碳的排放减少，但相对而言，该因素对二氧化碳排放的影响效果最小。

考虑到过去几十年我国处于工业化和城镇化快速推进阶段，本书综合分析了城镇化和工业化对二氧化碳排放影响的时间效应，用协整的方法检验了我国城镇化和二氧化碳排放之间的长期稳定关系，采用误差修正模型分析了影响的短期波动效应。研究结果表明，城镇化、工业化和二氧化碳排放之间存在长期稳定的关系，而短期内三者之间也存在波动效应。协整检验结果表明：中国城市化率每提高 1 个百分点，二氧化碳排放增加 1.65 个百分点；工业增加值占 GDP 的比重每上升 1 个百分点，二氧化碳排放相应增加 2.26 个百分点。而基于误差修正模型的短期波动效应分析结果表明，城镇化和工业化会负向调整二氧化碳的排放，使二氧化碳排放趋于均衡，同时短期二氧化碳排放量的变动和调整会导致我国二氧化碳排放量在未来趋于一个稳定水平。

基于城镇化的区域差异性，本书选用 30 个省、市、区的面板数据分析了城镇化和市场化对二氧化碳排放的影响。结果发现，从整体样本来看，城镇化对二氧化碳排放具有正向作用，但城镇化与二氧化碳排放之间不存在倒 U 形关系。不同区域的城镇化对二氧化碳排放具有不同的影响，东部地区和中部地区的城镇化对二氧化碳排放并没有显著的影响，西部地区的城镇化对二氧化碳排放有显著影响。市场化对二氧化碳排放的影响呈现负向作用，考察市场化和城镇化的交乘项与二氧化碳的关系，市场化和城镇化的交乘项系数为负，说明市场化程度的提高会拉低城镇化导致的二氧化碳排放水平。同时，研究还发现不同市场化程度地区的城镇化对二氧化碳排放具有不同的影响，市场化程度高的地区城镇化与二氧化碳排放之间不存在明显的关系；中等程度市场化地区的城镇化对二氧化碳排放存在正向作用；市场化程度较低地区的城镇化对二氧化碳排放存在负向作用。

只有在市场化程度较高的地区，市场化才对二氧化碳排放发挥明显的负向作用。而市场化程度相对较低的地区，则市场化对二氧化碳排放的影响不明显。

随着农村人口进入城镇，人口就业从第一产业向第二产业和第三产业迁移，城市规模扩大，城市内部的产业部门格局也在不断变化。在城镇化的不同发展阶段，不同产业部门所占的比重不同，与此相对应的是不同城镇化阶段各部门对二氧化碳排放的影响也有差别。因此，本书选取与城市经济发展息息相关的工业，建筑业，交通运输、仓储和邮政业，批发、零售业以及住宿、餐饮业等部门来分析不同产业部门导致的城市二氧化碳排放变动趋势。研究结果表明，随着这几个部门的经济变动，二氧化碳的排放也会相应变动，同时随着城镇化的进一步发展，城市的二氧化碳排放也会呈现一定的变动规律。

在综合分析了我国城镇化影响二氧化碳排放的作用机理和作用规律的基础上，本书结合国内外的低碳发展经验，找出我国城镇化低碳发展的核心要点和重点领域，提出了我国城镇化低碳发展的主要对策思路：通过推动产业发展促进城镇化低碳发展；构建城市经济部门低碳发展体系；城镇化低碳发展需要协调好政府和市场的关系。

胡　雷

2024年春

目录

第一章　导　论

第一节　选题背景和问题的提出

一、应对气候变化压力不断加大，中国亟需向低碳发展转型

人类关注气候变化问题由来已久，1896年瑞典科学家阿累尼乌斯[①]最早提出二氧化碳浓度增加会引起气候变暖，首次提出"温室效应"的概念，并研究出了第一个计算大气中二氧化碳浓度对地球温度影响的理论模型。而敲响全球气候变暖警钟的年份是1988年，在这一年创纪录的高温和干旱，使公众开始普遍关注全球变暖这一话题。同时，在这一年联合国环境规划署在多伦多召开会议，并成立了政府间气候变化专门委员会（IPCC）。政府间气候变化专门委员会在1990年公布的第一份报告中指出，大气中温室效应气体的浓度正在增加。1992年，154个国家和地区在里约热内卢召开的联合国环境与发展会议上签订了史上第一份关于气候变化

[①]　ARRHENIUS S.On the influence of carbonic acid in the air upon the temperature of the ground [J]. The London, Edinburgh, and Dublin Philosophical Magazine and Journal of Science, 1896, 41 (251): 237-276.

的国际性条约《联合国气候变化框架公约》①。这表明气候变化问题基本上得到了全球各国的重视，并第一次同意共同采取措施应对气候变化。1997年，在日本京都举行的第三次《联合国气候变化框架公约》缔约方会议上又签订了应对气候变化的第一份具有法律效力的《京都议定书》，该议定书制定了"共同但有区别的责任"，并明确了发达国家和发展中国家的减排目标和任务。2007年12月，联合国气候变化大会正式制定了应对气候变化的"巴厘岛路线图"，要求发达国家在2020年前温室气体减排总量达到25%~40%。

中国应对气候变化的压力不断加大。改革开放以来，随着我国经济的快速发展，对能源消费的需求尤其是对化石能源消费的需求快速增长，中国二氧化碳排放增长速度一直居世界前列。根据美国橡树岭国家实验室二氧化碳信息分析中心（CDIAC）提供的世界各国二氧化碳排放数据的统计资料，2008年我国共排放二氧化碳62.8亿吨，超越美国成为全球第一大二氧化碳排放国。经济快速发展带来的环境污染和二氧化碳排放严重制约了我国经济和社会发展，若不改变这种"高投入、高消耗、高排放"的经济发展模式，我们面临的资源环境压力和气候变化的压力将越来越大，并最终制约我国经济的转型和城市化进程。因此，在当前的环境压力和气候变化压力下，亟需提高经济发展质量，降低经济发展的环境成本，向绿色低碳经济转型。

二、我国城镇化快速发展，城镇化需要向绿色低碳发展方向转型

城镇化（Urbanization），又名城市化、都市化，是一种世界性的社会经济现象，是指乡村中分散的劳动力和非农业经济活动不断进行空间上的聚集而逐渐转化为城市的经济发展要素，城市相应地成长为经济发展的主要推动力的过程。早在几千年之前，城市就开始出现，公元前几百年，古

---

① 联合国. 联合国气候变化框架公约 [EB/OL]. [2010-12-09]. http://www.wipo.int/edocs/trt-docs/zh/un-fccc/trt-un-fccc.pdf, 1992.

希腊的柏拉图①曾经研究过城市的规模；中国古籍《诸子集成》②中也有对城市选址的研究。然而，直到第二次工业革命之后，由于生产力的发展导致工业的快速发展和人口的集聚，城市化才成为一种世界性的现象。在第二次世界大战之后，由于农业劳动生产率的极大提高，游离出大量的剩余劳动力；同时传统工业的恢复和新兴产业的产生，需要大量的劳动力，使得大量的农村人口向城市集聚，世界城市化进程大大加快，1950年世界城市化率为29.8%，而到2008年则超过了50%。目前，发达国家的城市化进程已经基本完成。

我国城镇化发展是滞后于发达国家的。新中国成立初期，由于"左"的指导思想禁锢，认为一旦建立了社会主义公有制，就可以很快消灭城乡差别，因而限制城市的发展；同时"条""块"分割的经济体制把城市内部的以及城市与外部区域之间的内在经济联系人为割裂，这使得我国的城镇化率长期处于一个较低的水平，城镇化水平一定程度上落后于经济发展和工业化发展水平。改革开放以后，我国城镇化快速发展，2012年《中国统计年鉴》数据显示，我国的城镇化从1978年的17.92%跃升至2012年的51.27%，同期我国城镇化发展速度快于发达国家，但是与发达国家的城镇化水平还有很大的差距。根据发达国家的经验，城市化率在30%~70%之间时，城镇化会加速发展，可以预见在未来一段时间，随着我国对城镇化的重视和社会主义市场经济的发展，我国的城镇化将会加快发展。

城市作为经济的主要载体，在推动经济和社会发展的同时，也会带来诸资源和环境等方面的问题。由于城镇化的快速发展使得城市用地规模扩张，大量耕地流失，影响到生态安全。同时城市范围的扩大也给城市环境造成了巨大的压力，大气、水和土壤污染等问题日趋严重。中共十八届中央委员会第三次全体会议通过的《中共中央关于全面深化改革若干重大问

① 柏拉图. 理想国 [M]. 吴献书，译. 上海：译林出版社，2011.
② 管子. 诸子集成 [M]. 北京：中华书局，1996.

题的决定》，提出完善城镇化健康发展体制机制，坚持走中国特色新型城镇化道路。因此在中国城镇化快速发展的背景下，我们需要统筹经济、社会和环境的关系，坚持向绿色低碳方向发展中国城镇化。

我国正处于城镇化加快发展的时期，工业化和城镇化快速发展带来的资源环境问题十分严重，外部面临的气候变化谈判压力也与日俱增。因此，需要推动我国城镇化低碳发展，而厘清我国城镇化与二氧化碳排放之间的关系，寻找一条低碳城镇化的道路很有必要。基于以上背景，本书作者选择了"我国城镇化对二氧化碳排放影响研究"作为选题，试图对城镇化和二氧化碳排放的关系进行实证研究，并研究城镇化影响二氧化碳排放的机理，以期为我国特色新型城镇化发展和应对气候变化方面进行决策提供参考。

第二节　文献综述

一、城镇化相关研究

（一）城镇化的定义和测度研究概述

城镇化又称为城市化，来自英语 Urbanization，这个词最早是由西班牙工程师塞尔达（A.Serda）于 1867 年提出的。我国学者有些将其译为"城市化"，有些将其译为"城镇化"。城镇化的叫法从某种程度上来说与我国特殊的户籍制度和城镇建制标准有关。考虑到当前我国推行城市化的最大目的之一是将农村人口迁移到各种大中小城市和城镇，所以研究中强调城镇化。

由于城镇化过程的复杂性，对其研究涉及不同的学科，不同研究者对城镇化的认识也不同，导致到目前为止城镇化还没有形成一个统一的定义，对于城镇化的概念尚需深入研究。经济学家认为城镇化是人类社会发展和经济增长的伴生产物（Hauser and Schnore，1965）[1]，本质上是社会经济结构转变的一种综合表现形式：一方面，由于要素生产率的提高，农业人口进入第二、三产业并向城镇集聚，农村人口减少，城镇人口增加，乡村经济向城市经济转化；另一方面，从消费模式看，由乡村消费方式向城市消费方式转变。人口学家认为城镇化是乡村人口向城市迁移的过程，并导致城市数量的增加和城市规模的扩大（赫茨勒，1963）[2]。简而言之，就是城镇居住人口比重上升的现象（威尔逊等，1999）[3]。地理学家更关注城市的形成与变迁等方面的问题（山鹿城次，1986）[4]。社会学家则认为城镇化是农村人口迁入城市和融入城市，乡村生活方式及社会关系向城市转变的过程（L.Wirth，1956）[5]。总而言之，目前学界对城镇化概念大致有三种较常见的阐述方式。第一种观点认为城镇化是各种要素在城乡和不同产业间的转移过程；第二种观点主张城镇化包含经济和文化两个层面的演化过程；第三种观点认为城镇化过程是生产方式与生产关系由农业向非农产业变革的过程。

随着城镇化的发展和各学科对城镇化研究的深入，以及在研究城镇化的过程中各学科的交叉渗透，不少学者试图去概括一般性的城镇化定义。比如，罗西曾在《社会科学词典》中采用一种综合观点给出城镇化的定义："城镇化"一词有四个方面的含义：一是城市对农村影响的传导过程；二是乡村人口逐步接受城市文化的过程；三是人口由乡村向城市集中的过程；四是城市人口占全社会人口比重逐步增加的过程。

我国学者对于城镇化的研究也较多，也给出不同的城镇化定义。如谢

---

① HAUSER，SCHNORE.The study of urbanization [M]．New York：Wiley，1965．

② 赫茨勒．世界人口的危机 [M]．何新，译．北京：商务印书馆，1963．

③ WILSON R S，BENNETT D A，BECKETT L A，et al.Cognitive activity in older persons from a geographically defined population [J]．The Journals of Gerontology Series B：Psychological Sciences and Social Sciences，1999，54（3）：P155-P160．

④ 山鹿城次．城市地理学 [M]．朱德德，译．武汉：湖北教育出版社，1986：75-84．

⑤ WIRTH L.Urbanism as a Way of Life [J]．American Journal of Sociology，1956：volume 44（1）．

文蕙和邓卫（1996）①将城镇化定义为生产力提高引起人类生活质量提高、生产方式高级化的过程；陈颐（1998）②将城镇化定义为人口由乡村向城镇不断集中的过程，它一方面表现为城市规模的扩大，另一方面表现为城市数量的增加；成德宁（2004）③将城市化描述为产业上第二和第三产业向城市聚集，人口上乡村人口向城市迁移，以及生活方式上城市生活方式向农村扩散影响的过程。

总而言之，城镇化是一种包含多种因素的社会经济现象，因此要精准地测度城镇化是一件很复杂的事情。目前出现很多种测度的方法，较为常用的方法有单一指标法和复合指标法。其中，单一指标法是相对来说较为简便的城镇化率计算方法，也是一种目前被普遍接受的方法，它通常是由城镇人口占总人口的比重表示，计算公式为城镇化率=城镇人口/总人口。但由于单一指标法通常只采用一个方面的指标衡量城镇化，不能充分反映城镇化的复杂性，因此其局限性也是显而易见的。在描述城镇化的演进过程中，有一些学者试图构建一个能充分反映城镇变化的综合指标，即复合指标法。如日本曾使用过"城市民力度系数"和"城市成长系数"等综合指标体系来测度城镇化，我国学者如潘德惠和郭亚军（1985）④则从城市生态、居民生活、经济、文教、文化娱乐、医疗卫生和交通这七个方面对118个城市的发展状况进行综合评价。裴青（1988）⑤从经济、环境和社会三个方面用德尔菲法考察河北省各地城镇化综合水平。但是由于复合指标法在指标选取及权重构建过程中主观性过大的问题，使得目前缺乏令人信服的指标体系，因此只用于个案研究中。

（二）国外城镇化研究的理论脉络

关于城市经济学的研究源远流长，在古典经济学产生以前，有关城

---

① 谢文蕙，邓卫. 城市经济学［M］. 2版. 北京：清华大学出版社，2019.
② 陈颐. 中国城市化和城市现代化［M］. 南京：南京出版社，1998.
③ 成德宁. 城市化与经济发展：理论、模式与政策［M］. 北京：科学出版社，2004.
④ 潘德惠，郭亚军. 城市发展状况的综合评价方法［J］. 城市问题，1985，8（1）：1—7.
⑤ 裴青. 城市发展状况综合评价的指标与方法［J］. 地理与地理信息科学，1988，（2）：7.

市的理论就已经出现了，此时关于城市的研究基本上是以劳动分工为研究视角的。最典型的有古希腊最早的经济学家色诺芬（Xenenphon）[1]指出的，分工可以提高物品质量，小城市里一个人身兼几种工作，但在大城市里一个人仅仅掌握一门手艺即可维持生活。哲学家柏拉图（公元前380年）[2]认为人与人之间实行分工是一种必然，这样可以提高产品的质量和数量。他们的研究都认为分工和专业化创造了人与人之间互惠的联系，并导致了人口的集聚。这些启发性的思想可以认为是最早的城市经济学说。

到了古典经济时代，关于城市经济问题的研究不多，在这些相对不多的研究中，运用劳动分工解释城市问题仍然占据一定地位。比如，威廉·配第认识到劳动分工与城市之间的关联，以及专业化对经济发展的推动等问题。随后亚当·斯密[3]研究了劳动分工、专业化与经济发展的关系。他认为产业化和交易机制是城市形成乃至市场形成的基础。同时斯密不仅从理论上分析了城市和农村分工的好处，并针对一个国家城市的发展对国民收入的增加、交易费用的降低和国家财富的贡献进行了充分的论述。可见，斯密是第一位系统地从劳动分工角度来论述城市经济发展、城乡居民收入差别的经济学家。但斯密的这些论述不是以城市为主要研究对象，研究也比较散乱，这些也影响了斯密对城市经济学研究的贡献。

19世纪以后，在工业革命已经启动城市化大发展的前期，农业经济仍占据主导地位的德国，经济学家冯·杜能在他的代表作《孤立国同农业和国民经济的关系》（1826）中提出农业布局理论。他认为成本是孤立国布局生产力的决定因素，而运输成本则是一个重要因素。杜能的研究虽然以城市周围的农业生产布局为研究对象，但《孤立国同农业和国民经济的

---

① 色诺芬. 经济论雅典的收入 [M]. 张伯健，陆大年，译. 北京：商务印书馆，1961.

② 柏拉图. 理想国 [M]. 吴献书，译. 上海：译林出版社，2011.

③ SMITH A. An inquiry into the nature and causes of the wealth of nations [M]. Chicago：University of Chicago Press，1977.

关系》可以被认为是一部经典的城市经济学著作。

在杜能之后，基于区位的研究越来越多，而古典区位理论也形成了两个分支：一个分支主要考察最小成本区位问题。典型代表人物如韦伯（Weber，1909）的《工业区位论》[1]。另一个分支则探讨在完全竞争的条件下，厂商如何寻找最合适的区位来控制其市场，即"城市区域论"和"中心地理论"。这方面的代表人物有德国经济学家克里斯托勒（W. Christaller），其代表作是《德国南部中心地原理》（1933）[2]；勒施（A. Losch），其代表作是《经济空间秩序》（1939）[3]。无论是农业区位论、工业区位论，还是城市中心论，其研究城市经济的出发点都是区域空间的交易成本，而没有考虑城市内的社会关系，将城市内的人与人之间的关系放入"黑箱"。以至于后来保罗·克鲁格曼将这些区位理论称为"德国几何学"[4]。

随着新古典经济学时期的到来，马歇尔（Marshall，1890）[5]突破性地尝试采用"规模经济"这一概念替代了古典经济时期的劳动分工和专业化的概念。从此以后，经济学的研究核心从研究分工问题转变为研究资源如何有效配置的问题。新古典经济学理论强调最优市场和政府干预，但城市以物理上的空间集聚为主要特征，以及城市经济由于广泛存在外部性导致市场并不是完全竞争等问题，导致新古典经济学理论不能完美地解释城市经济。

1980年以后，随着越来越多的微观经济学分析工具——博弈论、产业组织理论、信息经济学和制度经济学等方法的应用，以及自然科学新的

---

[1] 韦伯.工业区位论 [M]. 李刚剑，等译. 北京：商务印书馆，2010.

[2] CHRISTALLER W.Central places in southern Germany [M]. Upper Saddle River：Prentice-Hall，1966.

[3] LÖSCH A, WOGLOM W H.The economics of location [M]. New Haven：Yale University Press，1954.

[4] 克鲁格曼. 发展、地理和经济理论 [M]. 蔡荣，译.北京：北京大学出版社，2000.

[5] MARSHALL A.The early economic writings of Alfred Marshall，1867-1890 [M]. New York：Macmillan for the Royal Economic Society，1975.

发现——耗散结构理论、控制论、新进化论和混沌理论等，自然科学和社会科学前所未有的融合及各种新的方法的应用，城市经济学出现了新的理论，以福基塔、克鲁格曼①为代表的"新经济地理理论"迅速兴起。新经济地理理论将运输成本纳入一般均衡分析框架中，认为运输成本的降低会引起外部性和规模经济等问题，并将这些要素融入企业区位选择、区域经济增长等问题中，得出有别于传统区位理论的观点。

20世纪90年代以来，以杨小凯②为代表的经济学家，运用"超边际分析"，利用非古典数学方法，将古典经济学中分工和专业化的经济理论变为一般均衡模型。由于模型能将报酬递增、分工、专业化以及古典区位理论综合在一起解释城市经济问题，因此新古典城市经济理论也成为城市经济学理论的一支。

上述城市经济学理论不断变化，对城镇化的理解也不断深入，可以将其初步划分为：古典城市经济理论和新古典城市经济理论，以劳动分工和专业化为研究基础；古典区位理论、新经济理论和新城市经济学，以资源如何有效配置为研究核心。

（三）国内城镇化研究概括

国内对于城镇化的研究主要是基于国外的理论，并结合中国的实际情况，找出我国城镇化的影响因素，从而总结了我国城镇化的规律和特点。

20世纪40年代，张培刚教授在《农业与工业化》③一书中，从劳动力弹性的角度研究了产业结构转变的必然性，他指出工业对劳动力的需求弹性远远大于农业，随着经济的发展，两者需求弹性的差异会使经济重心从农业转向非农产业，人口也随之从农业向非农产业转移。

---

① HENDERSON, J V. New economic geography [M]. London: Edward Elgar Publishing, 2005.
② 杨小凯. 经济学原理 [M]. 北京：中国社会科学出版社，1998.
③ 张培刚. 农业与工业化 [M]. 武汉：华中科技大学出版社，2009.

费孝通先生在《小城镇 大问题》[①]一文中，通过对苏南典型城镇经济社会的考察，就改革开放初期公社工业转型和乡镇办厂的经济行为面临的困难和挑战，抽象出我国应该如何实行城镇化的问题。这是我国改革开放后关于城镇化研究的发轫，并掀起了小城镇研究的热潮。在此后的十多年间，关于城镇化道路的争论十分热烈，参与的学科广泛涉及城镇化理论，涉及推动城市化的动力、机制、一般规律和空间布局等方方面面。

1991年，辜胜阻教授在《非农化与城镇化研究》[②]一书中，总结了国内外各经济流派的劳动力非农业化与城镇化的理论，其首次使用了"城镇化"这一概念，并从我国城乡割裂的历史背景出发，提出中国城市化战略——二元城市化：一方面，利用一次城镇化的基础，大力发展城市圈，形成网格型的城镇化；另一方面，充分发挥乡镇企业的作用，发挥节点县域城市的影响力，就地吸纳农业人口就业和进城，推动农村向城镇转型和农民进城。

同年，高珮义博士所出版的《中外城市化比较研究》[③]中，根据以前的研究成果首次提出了国家城市化的三大定律并概括了城市化发展的一般规律，前者被国内学术界称为"高氏定律"。他分别研究了发达国家、发展中国家以及中国城市化的特点，基于这些特点的不同，他提出城市聚变引力定律、乡村裂变推力定律和城市文明普及率定律，这些研究为我国城镇化的战略提供了指导。

1998年，郑弘毅在《农村城市化研究》[④]一书中结合我国农村发展的问题，从农村入手，提出中国农村城镇化的理论体系，对农村城镇化的机制进行了系统的研究，并相应地构建了农村城镇化的指标体系。这方面的研究切入了我国城镇化发展的要点和难点，为我国城镇化发展提供参考。

① 费孝通. 小城镇 大问题 [R]. 南京：江苏省小城镇研究讨论会，1983.
② 辜胜阻. 非农化与城镇化研究 [M]. 杭州：浙江人民出版社，1991.
③ 高珮义. 中外城市化比较研究 [M]. 天津：南开大学出版社，1991.
④ 郑弘毅. 农村城市化研究 [M]. 南京：南京大学出版社，1998.

21世纪以来，随着我国经济的快速发展和城镇化的推进，关于中国城镇化的研究越来越深入。值得一提的是，随着研究的深入，我国学者发现国外的城镇化理论和实践经验不能完全解释中国的城市化问题，于是他们从中国的国情出发，批判性地进行西方城市化理论本土化研究，研究问题也更具有指导意义。这段时间研究的重点转向了关于中国"城市群"和"城市圈"的研究和实践（石忆邵等，2002[①]；周牧之，2001[②]；徐康宁等，2006[③]）。这段时间关于城镇化的动力研究也获得突破，多数学者意识到城镇化是社会经济发展到一定阶段的产物，因而城镇化的动力与产业结构转化直接相关（李清娟，2003）[④]。同时研究也越来越关注城市化对环境的影响（华民，2004）[⑤]。

总而言之，改革开放后中国的城镇化理论实现了从无到有、从简到繁的突破，从照搬国外到基于国情的独立思考的过程。关于如何城镇化的道路之争也从"小城镇论"到与之相对的"大城市论"，随后派生出折中的"中等城市论"等。这些研究有助于对城镇化动力的认识不断深化。但值得指出的是，关于城镇化对环境的影响，特别是城镇化的过程与气候变化的关系及对二氧化碳排放的影响等方面的研究成果相对较少。

二、二氧化碳排放影响因素研究概述

随着全球环境问题日益突出，二氧化碳排放不仅仅是气候变暖的问题，而且还成为各国环境、经济和社会的热点问题，更是一个国际政治问题。二氧化碳减排的核心问题也就是经济发展的问题，任何减少二氧

---

① 石忆邵，张洪武．长江三角洲城市综合竞争力与区域优势分析［J］．城市规划汇刊，2002（1）：17-21．

② 周牧之．城市圈：中国21世纪城市化战略的引擎［J］．现代城市研究，2001（2）：3-6．

③ 徐康宁，王剑．自然资源丰裕程度与经济发展水平关系的研究［J］．经济研究，2006，1（78）：2．

④ 李清娟．集聚化：上海产业布局调整的方向［J］．上海工业，2003，（8）：10-19．

⑤ 华民．长江边的中国——对中国经济城市化发展的思考［M］．北京：学林出版社，2003．

化碳排放的控制手段都会影响经济的发展方式和路径。从以上现实出发，各国的研究人员，从不同的角度研究出不同的模型，分析二氧化碳排放和人类经济活动的关系、各种控制政策和手段。目前国内外对于二氧化碳排放的问题主要集中在二氧化碳排放量的核算、二氧化碳排放的驱动因素研究和二氧化碳排放与经济增长的关系三个方面。本书主要研究城镇化是如何驱动二氧化碳排放的，因而从这个角度来介绍目前的主要研究成果。

（一）研究方法

比较常用的二氧化碳因素分解方法有结构性因素分解方法和指数分解方法，其主要原理是将排放总量或强度分解为一些基本的指标，如不同能源的排放强度、经济结构、人口因素和经济规模等。在具体的应用中，所采取的分解方法和指标不同。结构分解方法主要基于环境投入—产出模型，在研究二氧化碳排放问题时一般可分解为投入—产出系数、产业部门的产出系数、最终消费比例和总产值因子等乘积，然后计算投入—产出系数对二氧化碳排放的影响。指数分解方法的原理是将二氧化碳排放的计算公式分解为几个因素相乘的形式，并根据不同的权重进行分解，以确定各个指标的增量余额。根据分解形式不同，可分为乘法分解和加法分解。根据确定权重的不同，可分为 Laspeyres 指数法、简单平均分解法（SAD）、自适应权重分解法（AWD）和对数平均迪氏分解法（LMDI）。

（二）研究模型

二氧化碳排放的因素分解模型最早可以追溯至 20 世纪 70 年代，Ehrlich 等（1971）[①]在关于人类活动对环境影响因素的讨论会中提出了环境影响与人类经济活动关系的方程：I=PAT，以此测算人口、富裕程度和技术条件的变化对环境的影响；由于 IPAT 方程的信息量较小，Dietz

---

① EHRLICH P R, HOLDREN J P, MEZIROW J, et al. Impact of population growth [J]. Science, 1971, 171 (3977): 1212-1217.

（1994）①将 IPAT 改为随机形式的 IPAT 模型，命名为 STIRPAT 模型。用 STIRPAT 等式表示为：I=PAT。其中，I（Impact）表示人类活动对环境的影响，P（Population）表示人口规模，A（Average）表示人均财富或人均产出，T（Technology）表示技术条件。

为了分析二氧化碳排放与经济活动的关系，许多研究者进行了一系列的研究。目前应用较广的是日本教授 Yoichi Kaya（1989）②在联合国政府间气候变化专门委员会（Intergovernmental Panel on Climate Change，IPCC）研讨会上提出的 Kaya 恒等式。Kaya 恒等式的一侧将主要排放驱动力列为乘法因子，而另一侧对应于二氧化碳排放量。根据该恒等式，二氧化碳排放量主要是由二氧化碳排放强度、能源使用强度、生活水平和人口决定的。

此后，利用 Kaya 恒等式或者其各种扩展形式对二氧化碳排放的影响因素进行实证分析的文献开始陆续出现。研究二氧化碳排放的模型也越来越多。在这些方法中，由于对数平均迪氏分解法（Logarithmic Mean Weight Divisia Index Method，LMDI）分解的残差为零，目前应用最为广泛。对数平均迪氏分解法最初由 Ang 等（1998）③提出，这是一种针对一段时期序列内能源需求或气体排放的因素分解方法，其核心思想是将系统中因变量的变化分解为相关各独立自变量各种形式的加和乘积，以测度自变量对因变量变动贡献的大小和比例。Ang 等人最初运用该方法对新加坡制造业二氧化碳排放的影响因素进行了实证研究。

（三）关于中国二氧化碳排放驱动因素研究的概述

随着人们对二氧化碳排放的关注，一些学者也对中国二氧化碳排放的

① DIETZ T，ROSA E A.Rethinking the environmental impacts of population，affluence and technology ［J］. Human Ecology Review，1994，（1）：277-300.

② KAYAY.Impact of carbon dioxide emission control on GNP growth：Interpretation of proposed scenarios ［P］. Paris：Presented at the IPCC Energy and Industry Subgroup，Response Strategies Working Group，1989.

③ ANG B W，ZHANG F Q，CHOI K H. Factorizing changes in energy and environmental indicators through decomposition ［J］. Energy，1998，23（6）：489-495.

影响因素进行了研究，研究的焦点主要集中在二氧化碳排放总量、二氧化碳排放强度和人均二氧化碳排放等方面，采用的研究方法也各异。典型的研究有 Wang 等（2005）[①]对中国 1957—2000 年的二氧化碳排放进行分解，结果表明代表技术因素的能源使用强度是中国 1957—2000 年间减少二氧化碳排放的最重要因素，能源消费结构也起到一定的作用，经济增长会带来二氧化碳排放的增加。另外，徐国泉等（2006）[②]采用 Albrecht 等（2002）[③]构建的以二氧化碳排放总量影响因素进行计算的基本模型，分别定义了能源结构、能源排放强度、能源效率、经济发展等四个因素，构建了二氧化碳碳排放量的基本等式，并采用对数平均迪氏分解法定量分析了 1995—2004 年间中国人均二氧化碳排放变化的驱动因素。Wu 等（2005）[④]从区域、产业和能源消费三个方面分析了工业部门能源强度和劳动生产率对二氧化碳排放的影响。Fan 等（2007）[⑤]采用 AWD 方法分解了 1980 年到 2003 年间我国二氧化碳排放强度的影响因素。Ma 和 Stern（2007）[⑥]分别从生物质能的消费比重变动角度分析了其对二氧化碳减排的积极影响。Schipper 等（2001）[⑦]等则根据 13 个 IEA 国家的 9 个制造业部门的相关数据，对制造业的二氧化碳排放强度进行了分析。胡初枝等

① WANG C, CHEN J, ZOU J. Decomposition of energy-related CO_2 emission in China: 1957-2000 [J]. Energy, 2005, 30 (1): 73-83.

② 徐国泉，刘则渊，姜照华. 中国碳排放的因素分解模型及实证分析：1995—2004 [J]. 中国人口·资源与环境，2006, 16 (6): 158-161.

③ ALBRECHT J, FRANÇOIS D, et al. A Shapley decomposition of carbon emissions without residuals [J]. Energy Policy, 2002, 30 (9): 727-736.

④ WU L B, KANEKO S J, et al. Driving forces behind the stagnancy of China`s energy-related CO_2 emissions from 1996 to 1999: The relative importance of structural change, intensity change and scale change [J]. Energy Policy, 2005, (33): 319~335.

⑤ FAN Y, LIU L C et al. Changes in carbon intensity in China: Empirical findings from 1980-2003 [J]. Ecological Economies, 2007, (62): 683-691.

⑥ MA C, STERN D I. China's carbon emissions 1971-2003 [P]. Rensselaer Working Papers in Economics, 2007.

⑦ SCHIPPER L. MURTISHAW S, KHRUSHCH M, et al. Carbon emissions from manufacturing energy use in 13 IEA countries: Long-term trends through 1995 [J]. Energy Policy, 2001, 29 (9): 667-688.

（2008）①对1990—2005年我国六部门能源消费二氧化碳排放量进行了简单平均因素分解。刘红光等（2011）②以投入—产出方法为基础，利用结构分解方法分析了我国工业二氧化碳排放的影响因素。上述文献研究二氧化碳排放的方法不一，研究视角各异，得出的结论也不尽相同，但总体认为经济规模的变动是二氧化碳排放量增加的最大影响因素，而结构变动和技术效应对二氧化碳排放的影响较小。

三、城镇化对二氧化碳排放影响的相关研究

在全球气候变暖和城市经济快速发展的背景下，研究城市化和二氧化碳排放关系的成果逐渐增多（如 Poumanyvong et al.，2012③；Martínez-Zarzoso and Maruotti，2011④；Cole and Neumayer，2004⑤；Alam，et al.，2007⑥；Parikh and Shukla，1995⑦；York，et al.，2003⑧；Sharma，

---

① 胡初枝，黄贤金，钟太洋，等. 中国碳排放特征及其动态演进分析［J］. 中国人口·资源与环境：2008，（3）.

② 刘红光，刘卫东，刘志高. 区域间产业转移定量测度研究［J］. 中国工业经济，2011，6：79-89.

③ POUMANYVONG P，KANEKO S，DHAKAL S. Impacts of urbanization on national transport and road energy use：Evidence from low，middle and high income countries［J］. Energy Policy，2012，（46）：268-277.

④ MARTÍNEZ-ZARZOSO I，MARUOTTI A. The impact of urbanization on CO_2 emissions：Evidence from developing countries［J］. Ecological Economics，2011，70（7）：1344-1353.

⑤ COLE M A，NEUMAYER E. Examining the impact of demographic factors on air pollution［J］. Population and Environment，2004，26（1）：5-21.

⑥ ALAM S，FATIMA A，BUTT M S. Sustainable development in Pakistan in the context of energy consumption demand and environmental degradation［J］. Journal of Asian Economics，2007，18（5）：825-837.

⑦ PARIKH J，SHUKLA V. Urbanization，energy use and greenhouse effects in economic development：Results from a cross-national study of developing countries［J］. Global Environmental Change，1995，5（2）：87-103.

⑧ YORK R，ROSA E A，DIETZ T. A rift in modernity？Assessing the anthropogenic sources of global climate change with the STIRPAT model［J］. International Journal of Sociology and Social Policy，2003，23（10）：31-51.

2011[1]）。这些研究多采用跨国面板数据或者截面数据，研究结论也不一样，有些结论甚至存在明显的冲突，比较有代表性的研究如下。

Parikh 和 Shukla（1995）[2]利用1965—1987年间的发展中国家跨国面板数据，研究发现，这些国家城市人口每增加10%，人均能源消费相应地增加4.7%。而城市化对人均二氧化碳排放的影响较小，在城市人口每增加10%的背景下，人均二氧化碳排放增加0.3%。但是 Cole 和 Neumayer（2004）选用87个发达国家和发展中国家1965—1987年的面板数据却发现，城市人口每增加10%，二氧化碳排放相应增加7%，即城市化率与二氧化碳排放存在强烈的正向关系。

Martínez-Zarzoso 和 Maruotti（2011）[3]根据人均收入不同，将95个发展中国家划分为低收入国家（人均年收入875美元及以下）、中低收入国家（人均年收入874~3 466美元）和中高收入国家（人均年收入3 466~10 725美元），选用这些国家的面板数据，分析城市化、工业化和二氧化碳排放之间的关系。研究结果表明，不同收入国家城市化与二氧化碳排放的关系不一样：工业化引起的二氧化碳排放在中高收入国家比低收入国家要低；且随着城市化的深化，城市化对二氧化碳排放的影响逐渐减小，甚至会抑制二氧化碳的排放。

而对于中国的研究，尽管最近几年中国的二氧化碳排放问题吸引了众多学者的关注（Auffhammer and Carson，2008[4]；Jalil and Mahmud，

① SHARMA S S.Determinants of carbon dioxide emissions：Empirical evidence from 69 countries ［J］. Applied Energy，2011，88（1）：376-382.

② PARIKH J，SHUKLA V. Urbanization，energy use and greenhouse effects in economic development：Results from a cross-national study of developing countries ［J］. Global Environmental Change，1995，5（2）：87-103.

③ MARTÍNEZ-ZARZOSO I，MARUOTTI A. The impact of urbanization on CO_2 emissions：Evidence from developing countries ［J］. Ecological Economics，2011，70（7）：1344-1353.

④ AUFFHAMMER M，CARSON R T.Forecasting the path of China′s CO_2 emissions using province-level information ［J］. Journal of Environmental Economics and Management，2008，55（3）：229-247.

2009[1]；林伯强、蒋竺均，2009[2]；陈诗一，2009[3]；林伯强等，2010[4]；李小平、卢现祥，2010[5]；王锋等，2010[6]；刘华军、闫庆悦，2011[7]等）。但是只有少数文献关注中国城镇化与二氧化碳排放之间的关系，研究方法各异，研究结论也存在一定的差异。

林伯强和刘希颖（2010）[8] 对我国城市化与二氧化碳排放之间的关系进行了实证研究，发现人口城市化率与二氧化碳排放规模之间存在长期正向关系。在减排措施上，林伯强等（2010）认为，城市化阶段，我国许多重要行业对煤炭和火电的依赖程度短期内难以降低，通过调整能源结构实现减排目标的可能性较小，需要在节能减排方法上予以创新。

王锋等（2010）[9] 利用对数平均迪氏分解方法把 1995—2007 年间中国 CO_2 排放量的增加分解为 11 种因素，在进行三层分解后，发现城市化进程中人均 GDP 增加是导致二氧化碳排放增加的最主要因素，而工业部门的能源利用效率提高是最大的减少二氧化碳排放的因素。此外，交通工具数量、人口增加和重工业化是导致二氧化碳排放增加的重要因素，而交通工具平均运输线路长度和生活能源消费强度是影响二氧化碳排放的重要

---

① JALIL A，MAHMUD S F. Environment Kuznets curve for CO_2 emissions: A cointegration analysis for China ［J］. Energy Policy，2009，37（12）：5167-5172.

② 林伯强，蒋竺均. 中国二氧化碳的环境库兹涅茨曲线预测及影响因素分析 ［J］. 管理世界，2009（4）：27-36.

③ 陈诗一. 能源消耗、二氧化碳排放与中国工业的可持续发展 ［J］. 经济研究，2009，（4）：41-55.

④ 林伯强，刘希颖. 中国城市化阶段的碳排放：影响因素和减排策略 ［J］. 经济研究，2010，8（1）：22.

⑤ 李小平，卢现祥. 国际贸易、污染产业转移和中国工业 CO_2 排放 ［J］. 经济研究，2010，（1）：15-26.

⑥ 王锋，吴丽华，杨超. 中国经济发展中碳排放增长的驱动因素研究 ［J］. 经济研究，2010，2（123）：1.

⑦ 刘华军，闫庆悦. 贸易开放、FDI 与中国 CO_2 排放 ［J］. 数量经济技术经济研究，2011，28（3）：21-35.

⑧ 林伯强，刘希颖. 中国城市化阶段的碳排放：影响因素和减排策略 ［J］. 经济研究，2010，8（1）：22.

⑨ 王锋，吴丽华，杨超. 中国经济发展中碳排放增长的驱动因素研究 ［J］. 经济研究，2010，2（123）：1.

因素。

何吉多（2010）①研究我国城镇化和二氧化碳排放关系时发现，我国的城镇化会推动二氧化碳排放增加。无论短期或者长期，二氧化碳排放增加会伴随城镇化水平的提高；两者之间的相互作用还存在一定的时间延滞。而通过 Granger 因果检验发现，城镇化是二氧化碳排放增加的 Granger原因，但二氧化碳排放增加不是城镇化水平提高的 Granger 原因。

郭郡郡等（2012）②将城市化区分为城镇化与大城市化，并基于1995—2009 年的省级面板数据，研究了城市化对二氧化碳排放的影响，发现不同省份的城市化对二氧化碳排放的影响不一，但总体而言城镇化会促进二氧化碳排放的增加。

杨骞、刘华军（2012）③利用省际面板数据分析城镇化对二氧化碳的动态影响，研究发现城镇化增加对二氧化碳排放存在显著的正向影响。总体而言，国内学者基于对中国的研究，结论大多表明中国城镇化与二氧化碳排放是一种正向关系。

从以上文献总结可知，城镇化与二氧化碳排放之间的关系是复杂的，根据前面二氧化碳排放驱动因素的分析，一个地区的二氧化碳排放受到多种因素的影响，其中经济增长、产业结构变动、能源消费增加、人口总量和结构变化及收入变化被认为是二氧化碳排放的重要影响因素。从已有的文献可知，二氧化碳的排放与城市规模扩大导致的能源消费增加有关：一方面，城市化导致经济规模扩大和人们需求扩大，从而导致能源消费总量增加，进而二氧化碳排放也随之增加；另一方面，由于城市规模扩大，城市数量增加，推动产业结构配置优化、产业技术进步、产品结构调整，这又使得能源消费和二氧化碳排放具有下降的趋势。此外，也有研究认为二

① 何吉多. 中国城市化与碳排放关系实证分析 [J]. 西部论坛, 2010, 20 (5): 79-86.
② 郭郡郡, 刘成玉. 经济增长、FDI 来源与中国环境污染 [J]. 四川理工学院学报（社会科学版）, 2012, 27 (2).
③ 杨骞, 刘华军. 中国碳强度分布的地区差异与收敛性——基于 1995—2009 年省际数据的实证研究 [J]. 当代财经, 2012 (2): 87-98.

氧化碳排放与城镇化的阶段有关，这些研究认为城镇化与二氧化碳排放之间存在倒U形曲线关系，即随着城镇化的推进，二氧化碳排放呈扩张的趋势，在达到一定的峰值后，城镇化与二氧化碳排放呈现一种负向关系。还有一些研究表明，国家和地区的发展阶段会影响城市化与二氧化碳排放之间的关系，从发展中国家来看，基本上城镇化会拉动二氧化碳排放的增加，但是高收入国家如何，尚未形成定论。有些研究认为高收入国家，城市化与二氧化碳排放呈正向关系，而有些研究认为城市化与二氧化碳排放之间的关系是负向关系。可见，城镇化与二氧化碳排放之间的关系没有形成定论。

四、文献述评总结

随着我国城镇化的快速推进，国内对城镇化的研究在利用西方国家城市经济学理论的基础上，从国情出发多方面研究我国城镇化的动力机制、进程规律和影响因素，在一定程度上为我国城镇化的发展提出了政策建议。同时，我国二氧化碳排放仍处于高位水平，应对气候变化的压力越来越大，学术界目前对于二氧化碳排放的影响因素研究较多，这些研究多从规模、结构和效率三方面分析我国二氧化碳排放的驱动因素，结论表明经济规模扩大是目前我国二氧化碳排放增加的主要因素。根据经验，城镇化率处于30%~70%的阶段，城镇化会快速发展，而城镇化加速发展带来的资源环境问题越来越突出。与当前面临的严峻现实相比，以往的研究对于我国城镇化对二氧化碳的影响机理尚未有清楚的认识，对过去我国城镇化与二氧化碳排放之间的动态关系也没有进行系统的梳理，同时在研究我国城镇化与二氧化碳排放之间的关系过程中很少考虑我国区域差异这一现实，对于市场化这个变量在两者之间的关系中发挥何种作用更是没有涉及。因此，本书在以往研究的基础上，主要关注以下问题：我国城镇化影响二氧化碳排放的机理是怎样的？我国城镇化发展和二氧化碳排放在长期和短期之间存在怎样的关系？考虑到区域差异和市场化进程，我国城镇化影响二氧化碳排放的程度和方向是怎样的？

第三节　研究思路和框架

我国处于城镇化和工业化加速发展时期，面临的资源环境问题也越来越严重，为了破解这种局面，实现经济和环境的协调发展，绿色低碳发展势在必行。为了探索城镇化低碳发展的思路，本书在已有研究的基础上，分析城镇化影响二氧化碳排放的机理，实证分析我国城镇化和二氧化碳排放之间的长期稳定关系和短期动态调整趋势，并从区域的角度分析城镇化、市场化进程影响二氧化碳排放的规律，在此基础上，提出我国城镇化低碳发展的思路。本书的结构安排如下：

第一章，导论。主要介绍选题背景和意义，对前期研究进行系统梳理和述评，指出存在的不足，确立本书的逻辑框架、研究内容和研究方法。

第二章，概述我国城镇化和二氧化碳排放的现状。在总结世界城镇化过程的基础上分析我国城镇化的历程：将新中国成立后的城镇化分为恢复发展期、剧烈波动期、基本停滞期和加速发展期，并概括介绍了我国城镇化的特点。然后分析我国二氧化碳排放的情况。最后利用脱钩的方法评价我国城镇化和二氧化碳排放之间的动态关系。

第三章，首先总结了研究城镇化影响二氧化碳排放的相关理论，在以往理论的基础上，从规模效应、结构效应和技术效应三个角度分析城镇化对二氧化碳排放的影响机理，对三个因素影响二氧化碳排放的程度进行了量化研究。

第四章，研究我国城镇化和二氧化碳排放之间是否存在长期稳定的关系和短期波动调整趋势，以及彼此之间的作用强度、因果关系等问题。考虑到在过去的这些年我国处于工业化和城镇化快速推进阶段，二氧化碳排放的快速增长与城镇化和工业化密不可分，因此在研究中将工业化的因素纳入分析框架，综合分析城镇化、工业化对二氧化碳排放的影响，并分析了未来一段时期的城镇化和工业化变动对二氧化碳排放影响的趋势。

第五章，基于30个省、区、市的面板数据，根据当前我国城镇化的特征，分析了城镇化和市场化对我国二氧化碳排放的影响程度和方向。同时根据地理位置和市场化程度不同，将总体样本划分为不同的子样本，分别研究不同小样本的面板数据模型，进而得到我国区域差异和市场化进程对二氧化碳排放的影响。

第六章，结合城市内部不同部门二氧化碳排放的变化来总结城镇化影响二氧化碳排放的规律。研究选取与城镇发展相关的工业，建筑业，交通运输、仓储和邮政业，批发、零售业和住宿、餐饮业等部门来分析二氧化碳排放变动趋势，这些部门对于城市发展的经济社会功能有较为全面的代表性，因此具有一定的科学性。

第七章，在厘清我国城镇化和二氧化碳排放之间的关系之后，作者从分析国内外的发展经验出发，找出我国城镇化低碳发展的核心要点和重点领域，找出我国低碳城镇化发展的思路，并着重分析了我国城镇化低碳发展过程中政府和市场的关系，为城镇化低碳发展提供参考。

第四节　研究方法

本书遵循规范分析与实证分析相结合的方法，以规范分析为基础，分析城镇化影响二氧化碳排放的机理；并以实证分析为重点，根据我国的经济数据，运用计量经济学和数理分析等理论和方法，对城镇化对二氧化碳排放的影响效应进行了定量的研究。在研究中论文主要采用的研究方法为：

（1）理论分析法。研究总结了世界城镇化的规律，分析了我国城镇化的阶段特征。结合我国城镇化与二氧化碳排放的变化，运用经济学理论和生态经济理论分析了城镇化影响二氧化碳排放的机制。

（2）协整分析法。本书采用协整的方法分析了我国城镇化和二氧化碳排放之间是否存在长期稳定关系，短期波动与长期均衡对短期波动的影响，以及彼此之间的作用强度、因果关系等问题。

（3）面板数据分析方法。本书基于30个省、区、市的面板数据，根据当前城镇化的特征，从区域差异和市场化程度不一的角度，分析了城镇化和市场化对我国二氧化碳排放的影响规律，并引入市场化和城镇化的交乘项，重点探讨了市场化程度在城镇化影响二氧化碳排放的过程中发挥的作用。

第二章 我国城镇化和二氧化碳排放概况

第一节 我国城镇化概况

城镇化是一种多因素综合作用的动态过程，不同学科的学者从各种角度研究了城镇化的规律。从经济学角度来说，城镇化是人口结构非农化、产业结构变迁和经济增长的产物。从时间维度来看，随着时间的变化和推移，城市化的进程表现出"S"曲线规律。这一规律最早由美国人诺瑟姆（Ray M.Northam，1970）[①]提出，他在比较不同国家和地区人口城镇化情况后，将世界各地的城镇化进程概括为一条 S 型曲线，并将这一过程分为初期、中期和高级三个阶段：第一阶段为 18 世纪 60 年代到 19 世纪 50 年代，这一阶段是世界城镇化的兴起阶段，这一阶段城市出现，但城镇化水平低，农业仍占据产业的主导地位。第二阶段是 19 世纪 50 年代到 20 世纪50 年代，这一阶段是世界城镇化快速发展的阶段，得益于农业生产力的提高，大量农村剩余劳动力产生，随着世界工业革命的发生，工业技术水平大大提高，二三产业迅速发展，城市成为吸纳劳动力的主要空间，城镇化快速发展。第三阶段是 20 世纪 50 年代到现在，世界城镇化加速发展阶段，城市规模相应得到充分拓展，城市圈大量涌现。

---

① NORTHAM R M.Urban geography [M]. New York: Wiley, 1975.

在世界城镇化的第一个阶段，世界上出现了第一个城市人口比重占总人口比重超过50%的国家——英国。可以说世界城镇化起步于18世纪中叶的英国工业革命和圈地运动，随着城市的发展，英国在促进城市的发展方面实施了多方面的举措：制定了相应的城市规划法，并实现了社会保障制度，同时为了疏散城市的交通压力建立了卫星城等。这些举措大大推进了工业化和城镇化的发展，使得其城镇人口占总人口比例超过50%，而同一时期世界城市人口比重占全球人口的比重只有6.3%。但是在刚刚度过农业社会的英国，城镇只是一个新鲜的事物，由于没有先例可循，英国的城镇化和工业化主要处于野蛮生长的状态。在工业化和城镇化带来发展的同时，一系列的负面效应开始出现，诸如生态遭到破坏、环境被污染、出现交通拥挤和失业增加等问题。这些问题的出现也为以后的城市发展带来启示。

随后世界城镇化进入第二阶段。在19世纪50年代到20世纪50年代这一个世纪的时间里，在工业化的推动下，城镇化浪潮席卷了世界大多数国家。根据恩力斯（1966）的统计，5 000人以上的城镇人口占世界总人口的比例从1850年的6.40%达到了1950年的约29.80%（见表2-1）。同期，英国的城镇化水平也由51%上升到78.9%，而世界发达国家的城镇化水平平均超过50%，但同一时期发展中国家的城镇化水平仅为17.0%，这一水平与发达国家城镇化水平相比还有距离。

表2-1　　　　　5 000人以上城镇人口占世界人口比率　　　　人口单位：百万

年份	人口数	百分比
1800	27.4	3.00
1850	74.9	6.40
1900	218.7	13.60
1950	716.7	29.80

资料来源：恩力斯. 市和镇［M］//朱铁臻. 城市发展研究. 北京：中国统计出版社，1996：41.

在世界城镇化的第三阶段，随着全球经济和科技的进步，城市的规模效应充分发挥，全球范围内的经济活动和人口越来越向城市特别是大城市及城市圈集中，从1950年到现在，世界城镇化的速度大大加快。从1950—2010年间世界主要地区城市人口比重统计表中可以看出，1950—2010年的60年间，世界范围内的城镇化率都在提高。从整个世界来看，城镇人口比重提高了22.2个百分点，发达国家和发展中国家的城镇人口则分别提高了23个和28.4个百分点，发展中国家的城镇化速度明显快于发达国家，这与发达国家的城市化率已经达到了一个很高的水平有关。从1900—1950年的半个多世纪之间，世界城镇人口比重从13.6%上升到29.24%，50年之间仅增加了15.64个百分点，而1950—2000年间，世界城镇人口比重从29.4%快速上升到46.7%，提高了17.3个百分点，因此，20世纪后半叶的人口城市化的速度比20世纪前半叶的速度更快。具体就每个区域而言，1950—2010年的60年间，非洲地区的人口城镇化率从14.4%上升到39.2%，提高了24.8个百分点；亚洲地区的城镇人口比率提高26.9个百分点；欧洲则提高了21.4个百分点；拉丁美洲和加勒比海地区则提高了37.4个百分点；北美洲提高了18.1个百分点；大洋洲则提高了8.3个百分点。由此可见，拉丁美洲和加勒比海地区城镇化进程更快，非洲其次。从绝对值看，到2010年为止，非洲和亚洲的城镇人口比率还未过半（见表2-2）。

表2-2　　　　1950—2010年间世界主要地区城市人口比重统计

	1950	1960	1970	1980	1990	2000	2010
世界	29.4	33.6	36.6	39.4	43.0	46.7	51.6
发达国家	54.5	60.9	66.6	70.1	72.3	74.1	77.5
发展中国家	17.6	21.8	25.3	29.5	34.9	40.1	46.0
非洲	14.4	18.6	23.5	27.8	32.0	35.6	39.2

	1950	1960	1970	1980	1990	2000	2010
亚洲	17.5	21.1	23.7	27.1	32.3	37.4	44.4
欧洲	51.3	57.0	62.8	67.3	69.8	70.8	72.7
拉丁美洲	41.4	49.3	57.1	64.3	70.3	75.5	78.8
北美洲	63.9	69.9	73.8	73.9	75.4	79.1	82.0
大洋洲	62.4	67.1	71.2	71.3	70.7	70.4	70.7

资料来源：UNITED NATIONS，DEPARTMENT OF ECONOMIC AND SOCIAL AFFAIRS，POPULATION DIVISION.World urbanization prospects，the 2011 revision［R］. New York，2012.

一、中国城镇化历程

中国是世界上著名的文明古国之一，据考证，中国城市的出现距今已有五千多年的历史，但当时城市只是军事用途的城堡和生活必需品交易的集市的集合体。自秦国统一六国后，各朝代在中央集权的统治下，经济社会发展较快，出现了行政中心和商业集中的城市：汉朝都城长安人口曾超过40万人，唐朝时期则超过100万人，明清时北京、南京和苏州的人口都超过100万人。可见，封建统治时期的中国城市创造了世界城市发展历史的辉煌。但这些城市出现的背景是我国作为传统的农业社会，农业占主导地位，这段时期还不能说出现城市化。从严格意义上讲，我国的城市化发端于第一次鸦片战争之后，即19世纪40年代，第一次鸦片战争后，受外国资本和工业的影响，中国的近代工业开始发展，相应地，中国的城市化开始萌动。由于战争，当时城市发展得极其缓慢，甚至出现倒退。经过一个世纪的发展，中国的城市化却几乎原地踏步，远远滞后于同期的西方发达国家，而真正城市化发展还是在新中国成立之后。

自新中国成立以来，我国城镇化发展经历了一个曲折的过程。我们将这段发展过程分为四个阶段：

第一个阶段是恢复发展期（1949—1957）。在这个阶段随着新中国的建立，百废待兴，社会稳定的同时经济快速发展，大规模工业建设启动，大批的农业劳动力转移到工业部门，相应地出现了一些围绕重型工业项目的新城镇，城镇化在这个时期也呈现稳步上升的趋势。城镇人口比率从1949年的10.64%上升到了1957年的15.39%，城镇化率增加了将近5个百分点。

第二个阶段是剧烈波动期（1958—1965）。这段时期经历了"大跃进"和三年严重困难时期。国民经济大起大落，城镇化水平也剧烈波动。在1958—1960年的"大跃进"期间，由于盲目上马各种工业项目，尤其是实行大炼钢铁战略，城市工人短缺，大量农业人口通过招工的途径进入城市，3年内城镇人口增长2 000多万，人口城镇化比重升至19.75%，平均每年提高了1.4%。随后由于三年严重困难，大批项目停工，动员了近2 000人口返回农村去，在此期间城镇人口比率骤降2.9个百分点。从1964年起，随着经济形势有所好转，城镇人口水平逐渐恢复到17.98%。

第三个阶段是基本停滞期（1966—1978）。1966年，"文化大革命"开始，十年浩劫对国民经济造成了极大的破坏。在这段时间内，3 000多万名知青下乡到农村安家落户，城镇人口比例从1966年的17.86%略升到1978年的17.92%，城镇化水平停滞不前。

第四个阶段是加速发展期（1978年到现在）。随着改革开放的实行，我国的经济发展战略发生了根本的变化，打破了以重工业为重点的发展模式，从农村经济改革突破，确定了农、轻、重的产业发展顺序，农业得到极大的发展，同时轻工业的发展也快于重工业。由于农业经济的发展，为城市发展提供资源的同时也释放了大量的农村劳动力进入城市就业市场，而轻工业的发展很快吸纳了这部分人口，城镇人口快速增加。2011年，中国城镇人口比率首次突破了50%，城镇人口比率也从1978年的17.92%上升到2013年的53.37%，中国的城镇化迈入了一个全新的发展阶段（如

图 2-1 所示）。

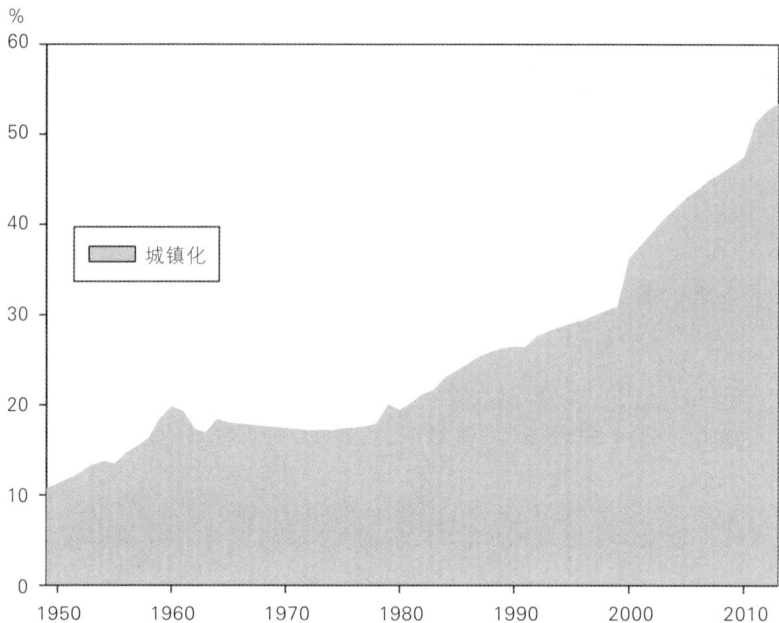

图 2-1　1949—2013 年我国城镇化水平示意图

二、我国城镇化特点

新中国成立以来，我国的城镇化经历了非常曲折的发展阶段，也经历了快速发展的阶段，可以说我国的城镇化发展历程曲折不平。城镇化快速发展的成果是人民财富的增加，经济和社会的增长，因此，同时我们也看到城镇化发展带来的一些"城市病"、资源和环境问题等。总结我国城镇化的道路，有许多值得探讨的特点。

（一）城镇化滞后于工业化发展

对于我国城镇化是否滞后于工业化发展，一般有三个观点：一是城镇化发展相对滞后论；二是城镇化发展基本适度论；三是城镇化发展相对超前论。分析城镇化率和工业化的时间序列，从 1952—2008 年的 57

年间，我国城镇化水平一直低于工业化发展水平，而从2008年开始，城镇化率则高于工业化率。截止到2011年年末，我国城镇化率为51.27%，与之相对应的是工业化率为46.6%。初看起来城镇化发展与工业发展相比是超前的，但是与同期发达国家城镇化率在80%以上，而工业化率不到20%的情况相比，目前我国城镇化发展相对滞后，工业结构比重过大。从图2-2可以看出1952年以后，大部分年份工业化的发展速度要快于城镇化提高的速度。因此，可见我国的城镇化发展是滞后于工业化的发展的。

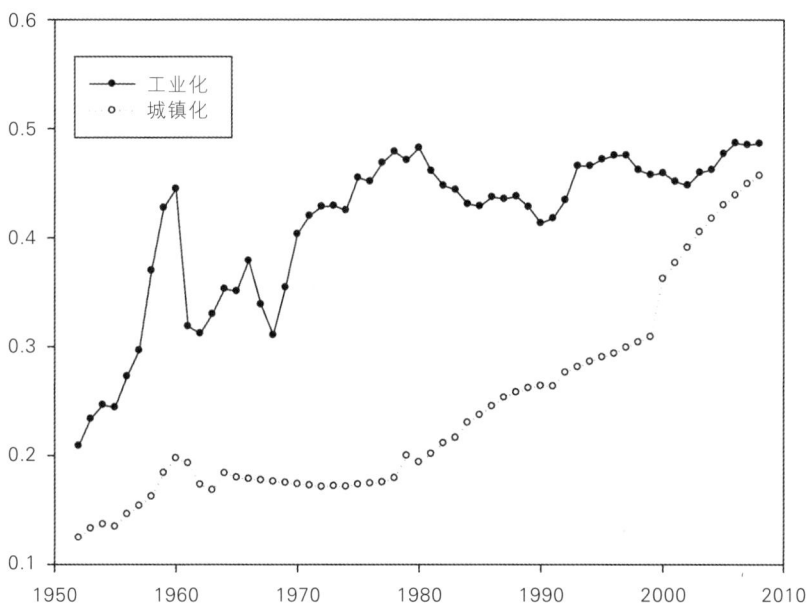

图2-2 1952—2008年城镇化率和工业化率示意图

国内外的学者从不同的角度分析了我国城镇化发展滞后于工业化发展的原因。一部分学者是从意识形态角度分析我国城镇化发展滞后的原因，并提出了"反城市主义"学说，认为我国制度建设的意识形态中根深蒂固的反城市主义是阻碍中国城镇化进一步发展的主要原因。而另一部分学者认为，我国城镇化发展滞后并非是由意识形态引起的，而是由于我国经济发展工业化比率过大，从而忽视了城市基础设施建设和农村经济发展，将大量的生产要素集中于重工业建设，削弱了城市进一步发展的后劲。

而国内学者认为，我国城镇化发展滞后主要是由发展城镇化的指导思想认识偏差和传统工业化道路的先天缺陷引起的。对城镇化发展的认识偏差体现在：（1）人为割裂了城市和乡村的关系，造成不平衡的城乡二元化经济体系，没有充分认识到城乡融合的重要性。（2）对城镇化和工业化同步发展的客观规律缺乏深刻的认识。由于诸多的原因，我国工业发展的相当一部分产业工人来自农村，城市管理者主观上或者客观上没有有效地将这部分工人完全接纳，使他们融入城市。（3）由于我国的城市发展多借鉴发达国家，对于发达国家城市发展过程中的交通、就业和保障等城市病看得过于严重，对城市的正面作用功能考虑较少。（4）对城镇化的理解不够深入。目前的资源多用于发展大城市，而没有重视中小城市和城镇的作用，而改革开放后，又过于强调小城镇的作用，这种政策的不一致性抑制了我国城镇化发展。传统工业化道路的缺陷是导致我国城镇化发展滞后的另外一个重要原因，我国工业化的发展策略是重工业有限，以粗放型发展为主，过分追求高速度，以"高投入、高消耗、高排放"为主要特征。这种工业化发展模式强调资本和技术密集型产业，从而忽视了劳动密集型产业对吸纳农村剩余劳动力的作用，造成城镇化进程落后于工业化进程。随着我国出口制造业的发展，这部分情况有所改观，而农村剩余劳动力虽然进入城市就业，但是还没有融入城市。

（二）区域城镇化水平差异大

城镇化取决于地区的人口、资源环境和经济情况。由于我国地域辽阔，区域地理差异巨大，自然资源分布不均，因此不同地区的城镇发展情况不一样，并且随着外部条件变化，不同区域城镇化比例不一样。根据李翔（2003）的统计，1949年新中国成立初期，东部、中部、西部城市的比重分别为52.3%、37.9%和9.8%。考虑到西部发展较为落后，国家有意识地发展中西部，这样不同区域的城市化比例得到一定程度的平衡。而后由于中苏关系恶化和美国对中国东南沿海采取的攻势，出于战备考虑，国家着力建设中西部13个省、自治区，而东部沿海如福建和广东等地的发展则停滞。这样有利于奠定中西部的重工业基础，也促进了中西部的城镇化发展。到1978年，东部、中部和西部城市的占比分别为35.8%、43.5%和20.7%。东部城市比重明显减少16.5%，中部城市比重则增加5.6%，西部城市比重相应增加10.9%。改革开放以后，外部条件发生变化，我国提出以经济建设为中心，由于东部地区地理位置上的优势，改革开放以后我国的投资集中在东部沿海地区，且随着外资的进入，极大推动了东部地区的城镇化发展，并形成几个重点的城市群和城市圈，如京津唐地区、长江三角洲城市群和珠江三角洲城市群。到1998年，东部、中部和西部地区的城市比重又变为44.9%、37%和18.1%。与改革开放前相比，东部城市比重增加9.1%，而中部地区城市比重降低6.5%，西部地区城市比重降低了2.6%，中西部地区的城镇化水平与东部地区逐渐拉开差距，而且有进一步扩大的趋势。

由于经济发展的长期性，未来我国区域城市比率差距在短期内难以消除，在这一点上有所认识之后，针对东部、中部和西部地区的城镇化水平的差异性应该分别制定不同的城镇化发展思路。首先，在总体上积极将人口从农村转移到城市中去，且不能单纯地将进城务工人员当作城市的建设者和过客，应该给予其正式的市民待遇和身份。其次，不同区域的城镇化发展要与区域的经济发展阶段和资源环境相匹配：东部地区城镇化发展要与经济结构转型协调，以提高城镇化质量为主要目标；中部地区要致力于非农经济的发展，吸纳农村剩余劳动力进城就业，并通过完善城市基础设施，提高吸纳农村人口的能力，合理地引导农村人口进城；而西部地区由于生态的脆弱性和发展经济的限制，要以发展中小城市和城镇为重点，因地制宜地推动城镇化，使城市发展与区域资源环境相适应。

（三）政府主导型城镇化

城镇化并不是设计出来的，而是一个自发形成的过程。根据西方国家的城镇化发展经验，城市的发展是由于产业技术革命带来经济的发展，人口、资本和资源等各种要素流入城市，导致市场规模扩大，当越来越多的人聚集在一起的时候，分工深化，效率提高，城市规模经济发挥作用而形成自我成长，这是城镇的自我成长内在机制。城市是由"人"组成的"市"，城镇化的主角是"人"，城镇化的动力来自人，城镇和农村相比，文明程度更高，正是这种差别，人们才从乡村到城市寻求改善生活，正是因为这种理性选择，才会推动城市的形成和扩大。而中国城镇在发展的过程中，在很大程度上与城市内在发展的规律相冲突。中国的城镇化可以说是一种典型的政府主导下的城镇化，城镇化的发展并不是完全由市场支配的，而是政府通过各种政策设计，包括经济体制、户籍制度、社会资源分配和福利政策等，来影响城市的发展。

在改革开放以前，我国实行计划经济体制，生产要素的配置几乎完全由政府控制。新中国成立后，中国确定了优先发展重工业的工业赶超发展战略，为了保证这一战略的实施，政府实行农村和城市分割的"二元经济"，通过一系列的制度设计限制农村人口进入城市，并通过农村补贴城市来优先发展重工业，农村人口和资源只是单纯的城市发展的利益输送方，而没有充分享受城市发展带来的成果。由于没有"人"的参与，城市进一步的发展就没有动力，当然这也阻碍城市的持续发展，这些制度性的障碍使得长期以来我国城镇化发展滞后。

改革开放以后，我国实行社会主义市场经济，全国范围内劳动力等生产要素流动趋向于市场化，同时阻碍人口流动的制度障碍在一定程度上消除，人口城镇化进程加快，城镇人口占总人口的比率从1978年的17.92%提高到2013年的53.37%。但我国市场经济改革尚未完成，城市的发展有明显的政府烙印，包括城市的规划、产业的选择、各种福利保障制度雷同，千城一面，各地的城镇建设像是从一个模子里面出来的，缺乏多样性和人文关怀。而21世纪以来，随着我国经济高度依赖投资，沿着政府主导的城镇化道路，城市建设高潮出现。

（四）城镇化的资源环境代价大

我国城镇化的资源环境代价大。随着我国城镇化的快速发展，经济规模不断扩大的同时，水资源消耗、化石能源消费和污染物排放问题突出，给城市发展带来了一系列的挑战。因此，我国城镇化发展面临着严重的资源环境问题。

首先城镇化快速发展，城市空间规模扩大，大量的耕地和人类干扰较少的土地大幅减少，取而代之的是高密度使用的城市建筑用地。这样会带来一系列不良的后果：耕地减少会对我国的粮食安全造成影响；由于城市占用自然绿化用地，取而代之的是建筑和马路，这破坏了原来的自然生态系统，对城市的水环境、大气环境和生物多样性造成影响。而城市中人为布置的观赏性绿化，生态功能单一。另外，城市人口密度较大，以至于远远超出土地的承载力，造成土壤退化等问题，而且城市人口的增加会导致城市的用水增加，城市的供水压力加大。

城镇化的发展不仅意味着人口向城市聚集，同时产业结构会相应地调整，第二、第三产业在城市中的比重加大，一些城市以钢铁、化工、炼化等重工业为支柱产业，这些都属于重污染产业，对城市环境的影响面较广，包括城市的大气环境、土壤环境、水资源环境和声环境等都造成压力。近年来雾霾围城就是我国城镇化粗放发展、工业化加快造成的恶果。这些都影响了人民的正常生活，也成为制约我国经济社会进一步发展的重要因素。

城镇化的发展使得人们的消费方式从低废弃、低排放的乡村生活方式转变为高排放的生活方式。城市生活对于高蛋白质食物的需求加大了对食品的需求，出行方式的改变推高了能源需求，同时城市的照明和公共服务的资源使用成本都很高，这些都推高了我国二氧化碳碳排放量。因此寻求一条绿色低碳的城镇化道路是提高我国城镇化效率和应对气候变化的内在要求。

第二节　我国二氧化碳排放概况

一、二氧化碳排放核算方法

中国尚未公开公布区域和行业的二氧化碳排放量，因此在做二氧化碳排放研究之前需要自行核算二氧化碳的排放量。目前二氧化碳排放核算的方法主要有三种：IPCC清单法、实测法、物料平衡算法。IPCC清单法主要是基于《联合国气候变化框架公约》提出的核算碳排放部门清单，根据清单对国民经济生产活动中的各个环节核算碳的排放量然后加总。实测法顾名思义就是根据采集所排放的气体，测算其浓度、排放速率来计算排放总量。物料平衡算法则是先统计生产所需投入物料中的碳含量，然后计算成品中的碳含量，两者相减之后，得出物料在消耗过程中产生的二氧化碳排放量，之后进行汇总。由于后两种是基于实验性质的，因此在做宏观经济分析时基本不考虑。目前的二氧化碳排放核算多是基于IPCC或者相关部门提供的清单来核算的。在具体研究二氧化碳排放的时候，由于清单核算较为复杂，同时考虑到能源消费是导致二氧化碳排放的最重要因素，因此通常研究能源消费所导致的二氧化碳排放。根据选取的能源消费核算对象不同，分为终端能源消费法和一次能源消费法。

（一）终端能源消费法

终端能源消费法是根据历年能源平衡表终端能源消费量的数据来估算二氧化碳排放数据，而忽略掉在加工转换和运输过程中消耗掉的能源的二氧化碳排放量，以避免重复计算。一般在核算时统计的能源消费种类有9种：原煤、焦炭、原油、汽油、煤油、柴油、燃料油、天然气和电力。根据2006年联合国政府间气候变化专门委员会为《联合国气候变化框架公约》及《京都议定书》所制定的《2006年 IPCC 国家温室气体清单指南》提供的估算方法，二氧化碳排放总量可以根据各种能源消费导致的二氧化碳排放估算量加总得到。估算公式如下：

$$C_{tot} = \sum_{i=1}^{3} \delta_i E_i = \sum_{i=1}^{3} E_i \times NCV_i \times CEF_i \times COF_i \times (44/12) \quad (2.1)$$

其中，

C_{tot}： 二氧化碳排放总量。

E_i： 第 i 种能源的消耗量。

δ_i： 第 i 种能源的二氧化碳排放系数。

NCV： 2007年《中国能源统计年鉴》附录4提供的中国3种一次能源的平均低位发热量（IPCC 也称为净发热值）。

CEF： IPCC（2006）提供的碳排放系数。由于 IPCC 并未直接提供煤炭的排放系数，而我国原煤产量中不同煤类比重多年来一直以烟煤为主，占75%~80%，变化不大，无烟煤占20%左右。因此本书根据 IPCC（2006）提供的烟煤和无烟煤碳排放系数的加权平均值（80%和20%）来计算煤炭的碳排放系数。

COF： 二氧化碳的氧化因子，本书设定煤炭为0.99，原油和天然气为1。

44/12： 44和12分别是二氧化碳（CO_2）和碳（C）的分子量，根据这个比率，1吨碳在氧气中燃烧后能产生大约3.67吨二氧化碳。

能源消耗量换算成为统一热量单位"标准煤"，各种能源折算标煤系数参考各类能源的标准量系数与碳排放系数，数据均来自《2009中国可持续发展战略报告：探索中国特色的低碳道路》。根据《中国能源统计年鉴》的统计口径，将最终能源消费种类划分为9类，包括原煤、焦炭、原油、汽油、煤油、柴油、燃料油、天然气和电力。9类能源的转换系数及碳排放系数如表2-3所示，转换系数的单位，天然气为吨标煤/万立方米、电力为吨标煤/万千瓦小时，其余能源的单位为千克标煤/千克，而碳排放系的单位为吨碳/吨标准煤：由能源消费标煤转换排放系数和碳排放系数整理为表2-3。

表2-3   各类能源的转换系数及碳排放系数

	原煤	焦炭	原油	汽油	煤油	柴油	燃料油	天然气	电力
标准量转换系数	0.7143	0.9714	1.4286	1.4714	1.4714	1.4571	1.4286	13.3	1.229
碳排放系数	0.7476	0.1128	0.5854	0.5532	0.3416	0.5913	0.6176	0.4479	2.2132

注：表中各类能源的标准量系数与碳排放系数来自中国科学院可持续发展战略研究组．2009中国可持续发展战略报告：探索中国特色的低碳道路［M］．北京：科学出版社，2009．

（二）一次能源消费法

一次能源主要是指一次消费的化石能源：煤炭、石油和天然气。在有些文献中，为了方便计算二氧化碳的排放总量，采用一次能源的二氧化碳排放的总量衡量碳排放总量，目前关于一次能源碳排放的排放系数计算值主要有四种：美国能源部、日本能源经济研究所、我国的国家科委气候变化项目和国家发改委能源研究所提出的排放系数。具体见表2-4。

表2-4   各种能源的排放系数统计

数据来源	煤炭	石油	天然气	水电、核电
DOE/EIA	0.702	0.478	0.389	0
日本能源经济研究所	0.756	0.586	0.449	0
中国国家科委气候变化项目	0.726	0.583	0.409	0
中国国家发改委能源研究所	0.743	0.583	0.444	0
平均值	0.732	0.558	0.423	0

考虑数据的可得性，国家层面的二氧化碳排放核算多是基于一次能源消费法计算得到的。而分省的二氧化碳排放核算则是根据终端能源消费法

核算得到的。

二、我国二氧化碳排放概况

根据一次能源消费法核算的1978—2012年我国二氧化碳排放总量，一次能源消费数据来源于2013年《中国统计年鉴》和《新中国六十年统计资料汇编》，核算结果如图2-3所示。

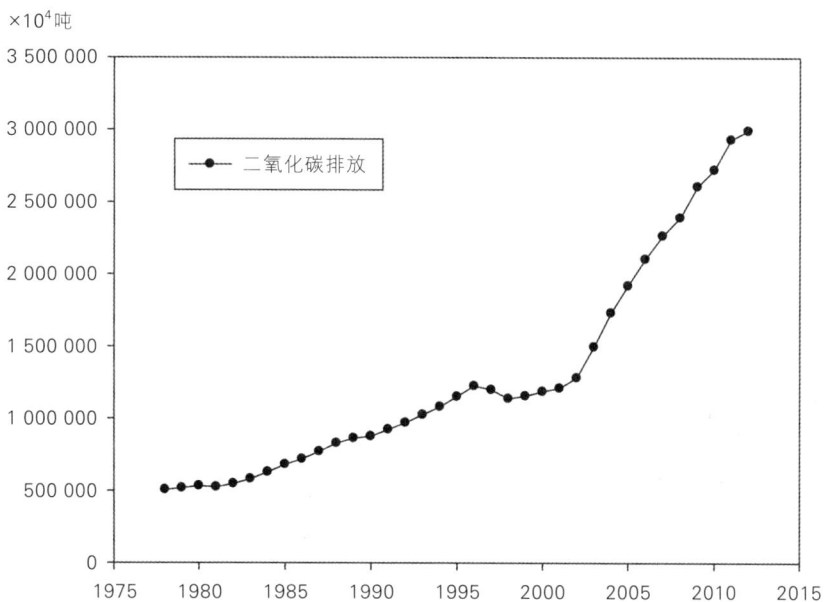

图2-3　我国1978—2012年二氧化碳排放图

从图2-3可知，改革开放以后，从1978年到1997年，二氧化碳排放逐年增多，从1978年的5.06亿吨二氧化碳增加到1996年的12.25亿吨。累计增加了7.19亿吨，这与改革开放后我国经济腾飞的状况相伴生的。随后在1996年到2001年趋于停滞，甚至在几个年份二氧化碳排放量减少，分析其原因，可能是因为亚洲经济危机，我国出口不振，经济发展放缓导致的。在度过了2001年后，二氧化碳排放迅速增加，从2001年的12.08亿吨增加到2012年的29.91亿吨。这期间是我国的经济快速增长时期,平均每年的GDP增长10%以上,同时这段时期也是城市化快速发展的时期。

根据IEA(2009)的数据,我国化石燃料燃烧排放的二氧化碳已经在2007年超过美国,成为全球第一大二氧化碳排放国。根据美国能源署二氧化碳信息分析中心(CDIAC)的数据,2010年世界前十大化石能源排放国的排放统计量如表2-5所示。因此,我国面临的二氧化碳减排的国际压力较大。

表2-5　　　2010年世界前十大化石能源排放国二氧化碳排放数据

名次	国家	二氧化碳排放量 (千吨)	名次	国家	二氧化碳排放量 (千吨)
1	中国	2 259 856	6	德国	203 268
2	美国	1 481 608	7	伊朗	155 880
3	印度	547 811	8	韩国	154 777
4	俄罗斯	474 714	9	加拿大	136 116
5	日本	319 257	10	英国	134 580

第三节　我国城镇化和二氧化碳排放脱钩分析

通过分析我国城镇化的历程和二氧化碳排放现状可以看出,作为一种深刻的社会经济现象,城镇化的过程也是人口城镇化的过程,同时产业结构发生变化,人口的消费也升级。这些直接或间接地导致化石能源消费增加,经济产出增多,二氧化碳排放也相应随之增加。为了进一步分析我国城镇化和二氧化碳排放现状,需要厘清这两者之间的逻辑关系。脱钩分析方法通常用来评价环境压力与经济增长之间的短期动态关系。为了进一步评价我国城镇化和二氧化碳排放的现状,本书利用脱钩分析方法来评价我国城镇化和二氧化碳排放之间的关系。

一、脱钩检验的原理

在 2002 年，经济合作与发展组织（OECD）为了探讨经济发展与环境污染之间的关联性，在报告 "Indicators to Measure Decoupling of Environmental Pressure from Economic Growth" 中提出 "脱钩" 的概念。随后，"脱钩" 成为测度经济发展与环境压力可持续性的工具。脱钩指标的构建有两种模式，即 OECD 脱钩指标构建模式和 Tapio 弹性脱钩指标构建模式。OECD 指标模式主要用来描述环境压力（EP）和经济驱动力（DF）之间的关系，如果环境压力增长快于经济驱动力，则两者之间呈现脱钩关系。脱钩关系分为两种：如果环境压力和经济驱动力的增长率均为正，但经济驱动力变化高于环境压力变化，则称为 "相对脱钩"；如果经济驱动力增长而环境压力绝对下降，则称为 "绝对脱钩"，OECD 为衡量 "脱钩" 状况，建立了脱钩系数和脱钩因子，最初的公式为：

$$脱钩率 DI = \frac{EP_T}{DF_T} \bigg/ \frac{EP_0}{DF_0} \tag{2.2}$$

$$脱钩指数 = 1 - 脱钩率 \tag{2.3}$$

当脱钩指数 $\in (-\infty, 0]$ 时，可认为两者处于非脱钩状态，而脱钩指数 $\in (0, 1]$ 时，则认为在分析期内发生了相对脱钩，当脱钩指数 $\in [1, +\infty)$ 时，则认为在分析期内两者发生了绝对脱钩。

而 Tapio 脱钩的研究最初起源于 Tapio（2005）在分析 1970—2001 年间欧洲经济发展与二氧化碳排放之间的关系时引入了交通变量，将脱钩弹性指标分解为产业发展弹性和产业排放弹性，将两者相乘得到一般的弹性脱钩公式：

$$e_{(CO_2, \ GDP)} = (\frac{\Delta V}{V} \bigg/ \frac{\Delta GDP}{GDP}) * (\frac{\Delta CO_2}{CO_2} \bigg/ \frac{\Delta V}{V})$$

Tapio 脱钩指标是根据某一弹性处于特定的脱钩范围来界定的，具体脱钩范围见表 2-6。

表2-6 Tapio弹性脱钩评价指标

状态	公式	$\triangle CO_2$ （环境压力）	$\triangle URB$ （城镇化）	弹性 t
负脱钩	扩张负脱钩	>0	>0	>1.2
	强负脱钩	>0	<0	<0
	弱负脱钩	<0	<0	0<t<0.8
脱钩	弱脱钩	>0	>0	0<t<0.8
	强脱钩	<0	>0	<0
	衰退脱钩	<0	<0	>1.2
连结	增长连结	>0	>0	0.8<t<1.2
	衰退连结	<0	>0	0.8<t<1.2

二、我国城镇化和二氧化碳排放的脱钩评价

采用OECD脱钩指数方法评价我国城镇化和二氧化碳的脱钩情况，结果见表2-7。

表2-7 1981—2010年城镇化和二氧化碳排放脱钩评价

年份	脱钩率	脱钩指数	评价
1981—1985	1.698168	−0.69817	非脱钩
1986—1990	2.88746	−1.88746	非脱钩
1991—1995	2.485147	−1.48515	非脱钩
1996—2000	−0.0564	1.056401	绝对脱钩
2001—2005	4.468194	−3.46819	非脱钩
2006—2010	2.342587	−1.34259	非脱钩

从表2-7中可以看出，除了"九五"（1996—2000年）期间城镇化和二氧化碳排放之间出现绝对脱钩，其余年份均为非脱钩状态。在"九五"期间绝对脱钩是因为在此期间通货膨胀严重和亚洲经济危机，我国经济发展减慢，城镇化工业化减缓导致。其余年份处于非脱钩状态，说明在此期间我国二氧化碳的排放速度高于城镇化的发展速度，城镇化伴随着高碳发展。其中"十五"期间，脱钩率最高，说明随着城镇化的发展，二氧化碳的排放代价在增大，且增大的速度远远高于城镇化的速度。分析原因，"十五"期间我国成功加入世界贸易组织，加入世贸的红利使得工业化迅速发展，而在此期间城镇化的发展相对滞后，所以工业发展导致的二氧化碳排放迅速增加。这说明我国城镇化发展伴随着二氧化碳排放增加，这种模式是不可持续的。随着我国城镇化继续发展，可以预见二氧化碳排放速度还会继续加快，在国际气候变化谈判的巨大压力下，需要改变当前的城镇化发展模式，实行低碳发展。

第四节　小　结

中国早在五千多年前就出现了城镇的雏形，但是严格来说，我国城镇化的发展主要受外国资本和工业的影响，发端于第一次鸦片战争之后，而正式的发展还是在新中国成立之后。因此，相比于西方发达国家，我国城镇化起步晚，起点低。本书将我国城镇化发展过程分为四个阶段：恢复发展期（1949—1957）、剧烈波动期（1958—1965）、基本停滞期（1966—1978）和加速发展期（1978年到现在）四个阶段。我国的城镇化特点也比较明显：城镇化发展滞后于工业化发展；区域城镇化水平差异很大；属于政府主导型城镇化；城镇化的资源环境代价大。

自改革开放以来，我国二氧化碳排放逐年增多，在2007年，我国化石燃料二氧化碳排放量超过了美国，成为全球第一大二氧化碳排放国。

根据脱钩分析方法，我们发现我国城镇化发展伴随着二氧化碳排放增加，因此，这种模式是不可持续的。随着我国城镇化继续发展，可以预见二氧化碳排放增加速度还会继续攀升，在国际气候变化谈判的巨大压力下，需要改变当前的城镇化发展模式，实现绿色低碳发展。

第三章　城镇化对二氧化碳排放的
影响机理研究

对于城镇化的含义，不同的学科理解不同。但总而言之，城镇化主要是指人口从乡村迁移到城市，人口就业从第一产业迁移到第二产业和第三产业，消费方式都市化、城市规模扩大的过程，因此城镇化的结果可以总结为生产方式和生活方式及城市形态的改变。二氧化碳作为一种生产和消费活动的产物，贯穿于人类社会生产和生活的全过程。城镇化的发展会对二氧化碳排放产生深远的影响。

已有的文献分析了城镇化和二氧化碳排放的影响，得出的结论也不尽相同。一些研究者认为城镇化的发展会使二氧化碳的排放量增加，如 Parikh 和 Shukla（1995）利用发展中国家的面板数据，发现人口城镇化每增加 10%，人均二氧化碳排放相应地增加 0.3%；同时，Cole 和 Neumayer（2004）分析 86 个国家的面板数据发现，城市人口每增加 10 个百分点，二氧化碳排放相应增加 7 个百分点。但也有一些学者得出不同的结论，如 Liddle（2004）发现，城市化会减少二氧化碳的排放。

尽管相关的研究从计量经济学的角度证明城镇化和二氧化碳排放之间具有很强的相关关系，但是城镇化与二氧化碳排放之间的关系错综复杂：城镇化会导致经济发展、能源消费增加，从而导致二氧化碳排放增加；城镇化的过程伴随着工业化的发展和人口消费方式的变化，产业结构和能源消费结构相应发生变化，结构的变动会影响二氧化碳排放；而城镇化带来的经济集聚效应和规模效应及交通效率的提高，会降低二氧化碳的排放等。因此，城镇化影响二氧化碳排放的机理非常复杂，包括直接或者间接的作用，同时也牵扯到经济社会和生活方式的不同变化。本章结合我国经济规模快速扩大和经济结构不断调整的特点，从规模、结构和效率三个角度来分析我国城镇化对二氧化碳排放的影响机理，同时利用对数平均迪氏分解方法进行实证研究。

第一节　我国城镇化对二氧化碳排放的影响机理

二氧化碳的排放是一个复杂的过程，其受到多种因素及外部环境的影响。影响二氧化碳排放的首要因素为环境管制，但是由于影响二氧化碳排放的因素极为复杂，如经济发展的状况及产业结构变动、社会消费水平和能源消费等都会直接或间接影响二氧化碳排放，其中的某些因素甚至比环境管制的影响还要大，特别是我国目前处于一个城镇化和工业化快速推进的过程中，经济发展水平、产业结构和技术升级变化很快。综合本章的研究目的，我们认为城镇化将通过经济增长、结构变动和效率提升三个方面影响二氧化碳排放。下面将就影响机理进行详细的分析。

一、相关研究评述

城镇化作为一种人口向城市聚集的经济现代化现象，会导致城市人口密度增加，人口消费和生产行为转变，进而导致能源消费和二氧化碳排放的变化（Barnes et al., 2005）[1]。尽管如此，还没有一个理论能完全清晰地解释城镇化是如何影响二氧化碳排放的。但是，有些研究提出了一些城

---

① BARNES D F, KRUTILLA K, HYDE W F.The urban household energy transition：Social and environmental impacts in the developing world [M]. New York：Routledge, 2005.

镇化影响能源消费和二氧化碳排放的理论，这些理论能从某个方面说明城镇化影响二氧化碳排放的作用机理。目前比较有代表性的理论有三种：生态现代化理论（Ecological Modernization Theories）、城镇环境变迁理论（Urban Environmental Transition Theories）和紧凑城市理论（Compact City Theories）。

生态现代化理论不光强调经济的现代化，同时强调社会和公共意识的转变推动了环境现代化。根据生态现代化理论，城镇化作为一种现代化的现象，其重要含义是社会组织向现代化转变。随着经济社会发展的深入，在发展的初期和中期，环境问题可能会增多。但是，随着现代化的持续推进，社会意识到环境可持续发展的重要性，认为应该更多地依赖技术创新和通过发展服务业及高新技术产业来推动经济的发展，环境问题相应地随之减少（Crenshaw and Jenkins，1996[①]；Gouldson and Murphy，1997[②]；Mol and Spaargaren，2000[③]）。

城镇环境变迁理论主要讨论了城市发展带来的环境变迁历程。该理论认为不同的经济发展阶段面临的城镇环境问题不一样（McGranahan et al.，2001[④]）。在发展的初期，由于资源有限，城镇化面临的环境问题通常是与贫穷相关的问题。随着经济的发展，人均收入水平的提高，这类问题逐渐减少。但是，收入水平提高之后，城镇化水平进一步发展，工业化生产导致的污染问题日益严重。随着收入水平、城镇化水平的提高，通过环境管制严格、技术进步和经济结构调整，环境问题逐步得到改善（Bai and

---

① CRENSHAW E M，JENKINS J C. Social structure and global climate change：Sociological propositions concerning the greenhouse effect［J］．Sociological Focus，1996，29（4）：341-358.

② GOULDSON A，MURPHY J.Ecological modernisation ［J］．The Political Quarterly，1997，68（B）：74-86.

③ MOL A P J，SPAARGAREN G.Ecological modernisation theory in debate：A review［J］．Environmental Politics，2000，9（1）：17-49.

④ MCGRANAHAN G，et al.The citizens at risk：From urban sanitation to sustainable cities［M］．London：Earthscan，2001.

Imura, 2000[1]; Marcotullio et al., 2003[2])。

　　紧凑城市理论主要阐述了紧凑城市带来的环境收益。该理论认为城市密度增加会带来规模经济效应：一方面是基础设施、交通和水供应方面的便利；另一方面是减少了对交通工具的依赖，缩短了不必要的通勤距离。这些都有利于减少能源消耗和二氧化碳的排放（Burton, 2000[3]; Capello and Camagni, 2000[4]; Burton et al., 1996[5]; Newman and Kenworthy, 1989[6]）。但是另有观点反对紧凑型城市，认为这会给城市带来交通拥堵和大气污染等问题（Breheny, 2001[7]; Rudlin and Falk, 1999[8]）。

　　生态现代化理论从国家层面阐述了城镇化影响二氧化碳排放的机理，城镇环境变迁理论和紧凑城市理论则是从城市发展的层面分析。这三种理论对理解城镇化影响二氧化碳排放的机理提供了很好的思路，但是每种理论侧重角度各有不同。城镇化作为一种综合的社会经济现象，其影响二氧化碳排放的机理非常复杂。综合以上理论观点，城镇化主要是通过经济发展、人均收入增加、产业结构变动、技术进步等因素的传导来影响二氧化碳排放的。总结我国多年的发展特点，在我国城镇化工业化快速发展的过

①　BAI X, IMURA H.A comparative study of urban environment in East Asia: Stage model of urban environmental evolution [J]. International Review for Environmental Strategies, 2000, 1 (1): 135-158.

②　MARCOTULLIO P J, LEE Y S F. Urban environmental transitions and urban transportation systems: A comparison of the North American and Asian experiences [J]. International Development Planning Review, 2003, 25 (4): 325-354.

③　BURTON E.The compact city: Just or just compact? A preliminary analysis [J]. Urban studies, 2000, 37 (11): 1969-2006.

④　CAPELLO R, CAMAGNI R.Beyond optimal city size: An evaluation of alternative urban growth patterns [J]. Urban Studies, 2000, 37 (9): 1479-1496.

⑤　BURTON, ELIZABETH, MIKE JENKS, et al., eds.The compact city: A sustainable urban form? [M]. New York: Routledge, 1996.

⑥　NEWMAN P G, KENWORTHY J R. Cities and automobile dependence: An international sourcebook [M]. Brookfield: Gower Publishing, 1989.

⑦　BREHENY M. Densities and sustainable cities: The UK experience [M] // BREHENY M.Cities for the New Millennium. New York: Routledge, 2001: 39-51.

⑧　RUDLIN D, FALK N. Building the 21st century home: The sustainable urban neighbourhood [J]. Environmental Science, Sociology, 1999.

程中，经济规模不断扩大，产业结构不断调整，同时由于世界范围的新技术革命和内部技术进步的影响，都对二氧化碳的排放产生影响。因此，探讨我国城镇化影响二氧化碳排放的作用机理应从规模效应、结构效应和技术效应三个方面入手。

二、城镇化的规模效应

城市的形成从经济学的角度看，是市场作用的产物。而这种市场力量来源于形成城市过程中的分工和内部规模经济。社会分工的发展和深化提高了产业的经济效益，带来的结果是收入的增加，这直接促进了人口从农村迁移到城镇，并间接地促进了非农经济的空间集聚，而内部规模经济也促进经济效率的提高，促进产业的空间集聚和人口的空间集聚。人口和产业的集聚导致了城市的产生和发展，同时也产生了聚集效果，根据城市经济学，这就是"集聚效应"。集聚效应的作用包括三点：第一点是空间上集聚，即集聚效应是因为企业和居民在一定空间上彼此靠近；第二点是外部性，即空间上集聚的企业和居民，通过主观上的交流和交易在客观上使得交易成本降低；第三点是规模性，即企业和个人在发挥集聚效应时是要以形成一定的规模为基础的，只有达到一定规模，才能使得平均交易成本下降，使得外在的利益转化为现实的利益。"集聚效应"促进城市形成的同时带来的直接后果是经济的发展。产业和居民空间上的集聚通过两方面促进经济的发展：一是使得企业的交易成本降低，经济效益提高，导致产出增加；二是集聚激发了更多的需求，人口的集聚扩大了市场的需求规模，同时使得交通运输等方面的费用降低，集聚带来的技术和知识外溢提高了人力资本，提高了工人的收入水平，这又导致需求的升级和扩大。因此，分工和集聚效应促进城镇的产生和发展，而城镇的发展通过发挥集聚效应直接促进经济规模的扩大。

具体到我国，从城镇化发展的历程来看，我国处于经济发展和社会结构双重转变的过程中。从经济发展角度来看，我国的国民产出从1978年的3 645亿元到2012年末的516 282亿元，经济规模扩大了140多倍。城镇化促进经济规模扩大可以从供给和需求两个方面分析。

一方面，城镇化促进有效需求的扩大。我国的经济持续增长的背后，一个重要因素是有持续的有效需求来支撑。从投资需求来看，20世纪90年来以来的高增长主要靠投资需求支撑，投资对经济的贡献比80年代增加了近10个百分点，而现阶段我国的人口城镇化水平滞后于工业化的发展，可以预计在未来城镇基础设施投资需求仍很旺盛，因此从投资的角度来看，城镇化的进程不光在过去推动经济的发展，未来一段时间仍将拉动经济增长。从消费需求来看，人口城镇化会提高居民收入水平，使得农村人口市民化，改变其消费结构和水平，有效扩大内需，对提高生活水平和推动经济规模扩大发挥不可估量的作用。因此，从有效需求来看，投资和消费的扩大使得城镇化发展促进了经济规模的扩大。

另一方面，城镇化增加了有效供给。随着城镇化的发展，分工的深化带来的结果是经济效率的提高和生产规模的扩大，直接后果就是工业化程度的提高，我国工业化率从1978年的17.92%提高到2008年的45.68%。工业化大生产带来的结果就是大量产出，有效提高了我国经济体系的供给能力，促进了我国经济规模的扩大。

从上面的分析可知，在微观上，城镇化导致的人口和产业的集聚和分工深化，带来了集聚效应，集聚效应通过空间上集聚、外部性和规模性来发挥作用；在宏观上，城镇化的发展导致供给能力的提高和有效需求的扩大。因此，城镇化从这两个层面使我国经济规模扩大。经济规模的扩大带来的直接后果是二氧化碳排放的增加。

三、城镇化的结构效应

城镇化的发展会导致产业结构的变化，进而影响二氧化碳的排放。产业结构指产业间的技术经济联系和比例关系，产业结构是一个区域或城市最基本的内部结构关系。产业结构作为经济发展的结果和未来经济进一步发展的基础，产业结构演变的过程表现为由低级向高级演变。从工业化发展的阶段来看，产业结构的演进分为这样几个阶段：前工业化时期、工业化初期、工业化中期、工业化后期和后工业化时期。在前工业化时期，第一产业占据主导地位，同时第二产业有一定的发展，第三产业的地位微乎其微。在工业化初期，第一产业产值在国民经济中的比例逐渐缩小；而第二产业有较大发展，工业重心从发展轻工业转向发展基础工业；第三产业虽然有了一定的发展，但是在国民经济中的比重还是较小。在工业化中期，工业明显占据主导地位，工业重心由基础工业转向高加工度工业；而第三产业比重逐渐上升，第一产业比重则明显下降。在工业化后期，第二产业比重下降，第三产业进一步加快发展，其中信息产业增长较快，第三产业产值比重在三次产业中占有支配地位。后工业化阶段，产业结构进一步优化，第三产业占比持续提高，产业表现为绿色化、数字化融合发展特征。分析城市的兴起和发展过程，城镇化的实质是由于农业生产效率的提高，大量农村剩余劳动力从土地中释放出来，农业产出的增加为工业发展提供原材料；第二产业相应地兴起并形成空间的集聚，随后大量农村剩余劳动力进入第二产业就业；随着第二产业的发展，以知识和资金密集型的服务业为特征的第三产业发展，大规模的产业结构升级完成后，人口又向第三产业迁移。因此城镇化的过程往往伴随着产业的优化升级，经济发展和人均收入提高是促进产业结构升级和城镇化发展的关键因素。根据配第一克拉克定律：随着全社会收入水平的提高，就业人口首先从第一产业向第二产业转移；当人均国民收入水平进一步提高时，就业人口大量向第三产业转移。因此，城镇化促进产业结构升级的同时，产业结构升级又带来了城镇化的发展；城市是产业结构优化升级的载体，产业结构升级是城镇化进一步发展的关键因素。进一步分析城镇化和产业结构升级的关系，总结我国城镇化和产业结构升级的规律，可以发现城镇化和产业结构升级之间存在着S形曲线的关系，类似于城镇化进程的S形曲线（如图3-1所示）。

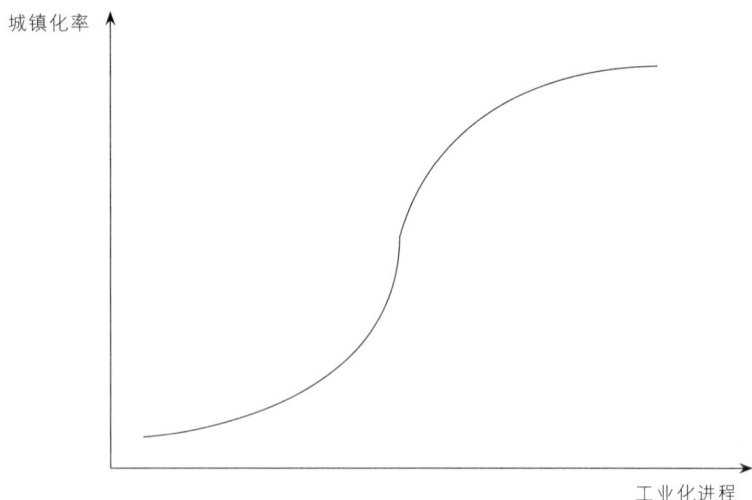

图 3-1 工业化和城镇化率曲线

从表3-1可知，随着我国城镇化的发展，第二产业和第三产业增加值占国民经济比重逐渐升高，产业结构持续优化。而在城镇化发展的同时，第一产业就业人数占比持续下降，第二产业和第三产业就业人数持续增加，且第三产业就业人数占比升高速度快于第二产业就业人数占比。这说明近些年来，人口城镇化的发展伴随着产业结构的升级，而且有趋势表明，有越来越多的新增人口进入第三产业，第三产业的发展对城镇化的作用日益加剧。

产业结构的升级优化带来的直接后果是我国能源消费需求的变化，进而会导致二氧化碳排放的变化。据统计，在2008年我国第一产业消耗了4%的煤炭和7%的石油，第二产业则消耗了86%的煤炭和40%左右的石油，第三产业消耗了3%左右的煤炭和50%左右的石油，由此带来的化石燃料导致的二氧化碳排放剧增。由于我国第二产业中重工业发展迅速，对能源的需求量大，更进一步导致二氧化碳排放量加大；第三产业的物流、交通等服务产业不断膨胀，对化石原料特别是石油的消费需求不断增加，也导致二氧化碳排放不断增加。

表3-1　　　　　　1989—2012年我国产业结构和城镇化变化

年份	城镇化（%）	第二产业和第三产业比值（%）	第一产业就业人数比率（%）	第二产业就业人数比率（%）	第三产业就业人数比率（%）
1989	26.21	74.89	59.30	21.60	18.30
1990	26.41	72.88	60.10	21.40	18.30
1991	26.37	75.47	60.10	21.40	18.50
1992	27.63	78.21	59.70	21.70	18.90
1993	28.14	80.29	58.50	22.40	19.80
1994	28.62	80.14	56.40	22.70	21.20
1995	29.04	80.04	54.30	23.00	23.00
1996	29.37	80.31	52.20	23.50	24.80
1997	29.92	81.71	50.50	23.70	26.00
1998	30.40	82.44	49.90	23.50	26.40
1999	30.89	83.53	50.10	23.00	26.90
2000	36.22	84.94	50.00	22.50	27.50
2001	37.66	85.61	50.00	22.30	27.70
2002	39.09	86.26	50.00	21.40	28.60
2003	40.53	87.20	49.10	21.60	29.30
2004	41.76	86.61	46.90	22.50	30.60
2005	42.99	87.88	44.80	23.80	31.40
2006	43.90	88.89	42.60	25.20	32.20
2007	44.94	89.23	40.80	26.80	32.40
2008	45.68	89.27	39.60	27.20	33.20
2009	46.59	89.67	38.10	27.80	34.10
2010	47.50	89.90	36.70	28.70	34.60
2011	51.27	89.96	34.80	29.50	35.70
2012	52.57	89.91	33.60	30.30	36.10

综上所述，我国城镇化的过程伴随着产业结构升级。第二产业和第三产业迅速发展的同时，导致能源消费需求加大，最终这些变化会影响二氧化碳排放。

四、城镇化的技术效应

城镇化具有技术效应，表现为城镇化发展会推动技术创新发展。区域和城市经济学认为，经济活动集中的区域和城市不仅是经济增长的中心，往往也是技术创新的"温床"。技术创新的影响因素主要包括区域的创新潜力和创新环境：高质量的科研机构、良好的信息交流条件、先进的制造业和合适的制度环境等。技术创新的这些特征和要求表明创新活动具有一定的区域聚集特征，而城市则为这种活动提供了完善的人才、教育、基础设施和信息传播条件，使得技术创新的成本低、效率高，因此城市经济往往是技术创新的集中之地。城镇化具有明显的技术效应。

技术创新与城镇化发展之间存在紧密的联系。从几次工业革命来看，18世纪后半叶发生在英国的工业革命，不仅是技术和经济上的革命，同时也给英国带来了深远的政治、社会和文化影响，英国社会生活的方方面面都发生了巨大的变革，其中最引人注目的是工业革命导致了城镇化的发展，同时工业化促进了农业技术创新，农村剩余劳动力增加，又成为城镇化发展的原动力，人口的聚集又促进了效率提高和技术变革的进一步发展。从19世纪下半叶开始，由于科学技术的发展，各种新技术层出不穷，并被迅速应用于工业生产中，因此催生了第二次工业革命，第二次工业革命表现在电力的应用、新交通工具的创建、通信手段的革新和化学工业的建立，这些技术变革对西欧和美国的城镇化发展产生了深刻的影响，提高了城市的规模和发展速度，同时这些技术变革深刻影响了城市化的进程，城镇化的质量有了很大的提高，出现了许多特大城市。在20世纪下半叶，以信息技术为代表的第三次工业革命在全世界范围兴起，以服务业为内容的第三产业所占比重越来越大，城镇化的形式也发生了很大的变化，同时世界范围的城镇化速度加快。由此可见，城镇化与技术创新相伴而生，互相影响。

大部分的技术创新发生于城市，城镇化发展有利于技术创新。首先，城市具有人力资本优势，城市由于具有较好的教育条件和研究基础，有利于人力资本的形成和积累。同时由于城市的规模足够大，为这种知识提供外溢效应，加快了创新的速度和效率。其次，城市具有信息交流优势，由于城市具有经济活动在空间上的近邻性，有利于信息在不同个体之间相互传递，在交流之中容易碰撞出创新的灵感，同时由于个体在距离上较近，相互之间的交易成本较低，这些都在一定程度上刺激创新的发生。最后，城市具有专业化和多样化的优势，由于城市的基础是分工深化，因此有利于提高生产效率，从而为技术创新提供了必备的条件。同时，由于城市是不同行业的综合体，各种高度专业化的企业和个人聚集在一定空间范围内，有利于知识的传播和信息的交流，为技术创新提供便利。从以上分析可知，城镇化为技术创新提供了温床，城镇化是技术创新的载体。

城镇化带来的技术效应会影响二氧化碳的排放。一方面，技术创新使得人类可利用的物质越来越多，越来越多的元素进入人类的经济社会系统，在利用之后会产生一定的排放，这会导致更多的二氧化碳排放；同时技术创新提高了人均收入水平，会促进消费需求和经济规模的扩大，导致能源消费增加，带来的一个直接后果就是二氧化碳排放的增加。另一方面，技术创新能提高生产效率和能源使用效率，降低排放；同时技术创新使得低碳的第三产业尤其是服务业加速发展，从而二氧化碳排放减少。因此，技术创新具有扩大或降低二氧化碳排放的双重性。

第二节　二氧化碳排放的影响实证研究

以上分析了城镇化的规模效应、结构效应和技术效应，从理论上探讨了城镇化影响二氧化碳排放的作用机理。为了进一步分析我国城镇化如何影响二氧化碳排放，本节研究采用对数平均迪氏分解法，以量化分析城镇化过程中的规模效应、结构效应和技术效应对二氧化碳排放的影响。

一、二氧化碳排放的影响因素模型

综合近年来有关二氧化碳排放驱动因素的研究文献，许多学者将一次能源消费导致的二氧化碳排放变化分解为规模效应、结构效应和技术效应三个方面。为了分析城镇化导致二氧化碳排放快速增加的原因，本书利用 Kaya 恒等式的扩展式构建模型，利用对数平均迪氏分解法建立分解模型，分析城镇化的经济后果如何影响二氧化碳排放。

Kaya 恒等式最初由日本科学家 Yoichi Kaya 在联合国政府间气候变化专门委员会的研讨会上提出。最初的 Kaya 恒等式建立了二氧化碳与经济、人口因素之间的联系，具体表达式为：

$$CO_2 = \frac{CO_2}{PE} \cdot \frac{PE}{GDP} \cdot \frac{GDP}{POP} \cdot POP$$

CO_2、GDP、PE 和 POP 分别代表二氧化碳排放量、国内生产总值、能源消费总量和人口总量。Kaya 恒等式由于结构简单，分解后的结果清晰，所以在能源和环境经济领域得到了较为广泛的应用。但是 Kaya 恒等式主要考察能源消费、经济和人口与二氧化碳排放之间的关系，其分解变量解释度有限，只能分析较为宏观的数据，所以目前大多数研究基本上是基于 Kaya 恒等式进行变换。目前研究表明，二氧化碳的排放除了与能源消费、经济产出和人口有直接联系外，还与能源消费的结构、能源效率或能源强度等有较为密切的联系。基于此，本书引入能表征能源消费结构、能源效率和人均产出的变量，对 Kaya 恒等式进行了扩展。进行扩展后的 Kaya 恒等式具体为：

$$C = \sum_i C_i = \sum_i \frac{E_i}{E} \frac{C_i}{E_i} \frac{E}{G} \frac{G}{P} P \tag{3.1}$$

其中，

C 为二氧化碳排放总量；

E_i 为 i 种能源的消费量；

E 为总的能源消费量；

C_i 为 i 种能源的二氧化碳排放量；

G 为当年的 GDP；

P 为当年的人口总数。

E_i/E 表示第 i 种能源占总的能源消费中的比重，称为能源消费结构因素；

C_i/E_i 表示第 i 种能源的碳元素排放系数，称为能源排放系数因素；

E/G 表示单位 GDP 消耗的能源量，称为能源效率因素；

G/P 表示人均 GDP，称为经济发展因素。

（3.1）式主要考虑二氧化碳排放的总量变化，为了研究人均二氧化碳排放的变化，将（3.1）式变化为：

$$A = \frac{C}{P} = \frac{\sum_i C_i}{P} = \sum_i \frac{E_i}{E} \frac{C_i}{E_i} \frac{E}{G} \frac{G}{P} = \sum_i S_i F_i I Q \tag{3.2}$$

式（3.2）中 A 表示人均二氧化碳排放量，根据式（3.2），人均二氧化碳排放量由能源消费结构因素 S_i、能源排放系数因素 F_i、能源效率因素 I、经济发展因素 Q 四个因素驱动。

对（3.2）式两边同时求时间的导数可得：

$$A' = \sum_i S_i' + \sum_i F_i' + \sum I' + \sum Q' \tag{3.3}$$

由于化石燃料排放基本固定，所以随着时间的变化能源排放系数相应基本为0，因此（3.3）式可以变化为：

$$A' = \sum_i S_i' + \sum I' + \sum Q' \tag{3.4}$$

公式（3.4）是在连续时间的前提下进行的，因为统计数据多以离散数据表示，为了分析实际的问题，借鉴 Divisia 指数方法，对（3.4）式两边取对数并对时间求导得到：

$$\frac{d\ln E}{dt} = \sum_i e_i \left(\frac{d\ln S}{dt} + \frac{d\ln I}{dt} + \frac{d\ln Q}{dt} \right) \tag{3.5}$$

对上式进行定积分的运算，得到：

$$\ln \frac{E_T}{E_0} = \sum_i e_i \int_0^T \left(\frac{d\ln S}{dt} + \frac{d\ln I}{dt} + \frac{d\ln Q}{dt} \right) \cdot dt \tag{3.6}$$

由（3.6）式运算得到：

$$\frac{E_T}{E_0} = \exp^{\sum_i \int_0^T e_i \frac{d\ln S}{dt}} \times \exp^{\sum_i \int_0^T e_i \frac{d\ln I}{dt}} \times \exp^{\sum_i \int_0^T e_i \frac{d\ln Q}{dt}} \tag{3.7}$$

根据 Boyd 等提出的方法，可以取两个端点值计算得出算术平均值，上式（3.7）运算为：

$$\frac{E_T}{E_0} \cong \exp^{\sum_i e_i' \frac{d\ln S}{dt}} \times \exp^{\sum_i e_i' \frac{d\ln I}{dt}} \times \exp^{\sum_i e_i' \frac{d\ln Q}{dt}} \tag{3.8}$$

其中，$e_i^t = \frac{1}{2} \left(\frac{A_{i0}}{A_0} + \frac{A_{iT}}{A_T} \right)$。该方法为算术平均 Divisia 指数方法。

但是此方法存在无法处理残差的问题。随后，Choi 和 Ang 构建了对数平均数，来改进算术平均 Divisia 指数方法，称为对数平均迪氏分解法。

$$L(x, y) = (y - x)/\ln(y/x) \tag{3.9}$$

且 $L(x, y) = x$。则可构建对数平均数：

$$e_i^t = \frac{L\left[\frac{A_{i0}}{A_0}, \frac{A_{iT}}{A_T} \right]}{L\left[\frac{E_0}{E_0}, \frac{E_T}{E_T} \right]} = \frac{\left[\frac{A_{iT}}{A_T} - \frac{A_{i0}}{A_0} \right]/\ln\left[(A_{iT}/A_T)/(A_{i0}/A_0) \right]}{\left[\frac{E_T}{A_T} - \frac{E_0}{A_0} \right]/\ln\left[(A_T/A_T)/(A_0/A_0) \right]} \tag{3.10}$$

因此，

$$\frac{E_T}{E_0} = \exp^{\sum_i e_i \frac{d \ln S}{dt}} \times \exp^{\sum_i e_i \frac{d \ln I}{dt}} \times \exp^{\sum_i e_i \frac{d \ln Q}{dt}} \tag{3.11}$$

该分解方法为完全分解方法，式（3.11）右边的三项分别是规模效应、结构效应和技术效应。式（3.11）可写为：

$$D_{tot} = A^T / A^0 = D_{act} + D_{str} + D_{int} \tag{3.12}$$

$$D_{act} = \exp \left(\sum_i \frac{(A_i^T - A_i^0)/(\ln A_i^T - \ln A_i^0)}{(A^T - A^0)/(\ln A^T - \ln A^0)} \ln \left(\frac{Q^T}{Q^0} \right) \right) \tag{3.13}$$

$$D_{str} = \exp \left(\sum_i \frac{(A_i^T - A_i^0)/(\ln A_i^T - \ln A_i^0)}{(A^T - A^0)/(\ln A^T - \ln A^0)} \ln \left(\frac{S_i^T}{S_i^0} \right) \right) \tag{3.14}$$

$$D_{int} = \exp \left(\sum_i \frac{(A_i^T - A_i^0)/(\ln A_i^T - \ln A_i^0)}{(A^T - A^0)/(\ln A^T - \ln A^0)} \ln \left(\frac{I_i^T}{I_i^0} \right) \right) \tag{3.15}$$

即总的二氧化碳排放变化可以写成规模效应、结构效应和技术效应的乘积。进一步对式（3.11）两边取对数得：

$$\Delta E_{tot} = A^T - A^0 = \Delta E_{act} + \Delta E_{str} + \Delta E_{int} \tag{3.16}$$

$$\Delta E_{act} = \sum_i \frac{A_i^T - A_i^0}{\ln A_i^T - \ln A_i^0} \ln \left(\frac{Q^T}{Q^0} \right) \tag{3.17}$$

$$\Delta E_{str} = \sum_i \frac{A_i^T - A_i^0}{\ln A_i^T - \ln A_i^0} \ln \left(\frac{S_i^T}{S_i^0} \right) \tag{3.18}$$

$$\Delta E_{int} = \sum_i \frac{A_i^T - A_i^0}{\ln A_i^T - \ln A_i^0} \ln \left(\frac{I_i^T}{I_i^0} \right) \tag{3.19}$$

式（3.11）为基本运算公式，式（3.12）和式（3.16）分别为乘法和加法分解形式。

二、我国城镇化对二氧化碳排放影响的实证分析

为了分析我国城镇化如何驱动二氧化碳排放，研究选取的中国 GDP 数据、人口数据和能源消费数据来源于《中国统计年鉴》和《新中国统计资料六十年汇编》，研究选取的时间窗口为 1978—2012 年。根据已有的研究总结的能源二氧化碳排放系数统计见表 3-2。

根据表 3-1 计算的中国一次能源消费情况和经济产出见表 3-3。

表3-2 各种能源的排放系数统计

数据来源	煤炭	石油	天然气	水电、核电
DOE/EIA	0.702	0.478	0.389	0
日本能源经济研究所	0.756	0.586	0.449	0
中国国家科委气候变化项目	0.726	0.583	0.409	0
中国国家发改委能源研究所	0.743	0.583	0.444	0
平均值	0.733	0.558	0.423	0

表3-3 1978—2012年中国能源消费、人口和GDP数据列表

年份	GDP（亿元）	人口（万人）	消费总量（10^4t）	煤炭（%）	石油（%）	天然气（%）	水电（%）	二氧化碳排放总量（t）	人均碳排放量（t/万人）
1978	3 645.2	96 259	57 144	70.7	22.7	3.2	3.4	137 960.1	1.433
1979	4 062.6	97 542	58 588	71.3	21.8	3.3	3.6	141 403.2	1.450
1980	4 545.6	98 705	60 275	72.2	20.7	3.1	4	145 389.2	1.4723
1981	4 891.6	100 072	59 447	72.7	20.2	2.8	4.5	143 306.1	1.432
1982	5 323.4	101 654	62 067	73.7	18.9	2.6	4.9	149 446.8	1.470
1983	5 962.7	103 008	66 040	74.2	18.1	2.4	5.3	158 614.8	1.540
1984	7 208.1	104 357	70 904	75.3	17.5	2.4	4.9	171 522.9	1.644
1985	9 016	105 851	76 682	75.8	17.1	2.2	4.9	185 665.5	1.754
1986	10 275	107 507	80 850	75.8	17.2	2.3	4.7	196 048	1.824
1987	12 059	109 300	86 632	76.2	17	2.1	4.7	210 376.5	1.925
1988	15 043	111 026	92 997	76.2	17	2.1	4.7	225 833.3	2.034
1989	16 992	112 704	96 934	76.1	17.1	2.1	4.7	235 331.6	2.088
1990	18 668	114 333	98 703	76.2	16.6	2.1	5.1	238 881.9	2.089

年份	GDP（亿元）	人口（万人）	消费总量（10^4t）	煤炭（%）	石油（%）	天然气（%）	水电（%）	二氧化碳排放总量（t）	人均碳排放量（t/万人）
1991	21 782	115 823	103 783	76.1	17.1	2	4.8	251 798.3	2.174
1992	26 924	117 171	109 170	75.7	17.5	1.9	4.9	264 418.8	2.257
1993	35 334	118 517	115 993	74.7	18.2	1.9	5.2	279 488.4	2.358
1994	48 198	119 850	122 737	75	17.4	1.9	5.7	294 718.9	2.459
1995	60 794	121 121	131 176	74.6	17.5	1.8	6.1	313 637.5	2.590
1996	71 177	122 389	138 948	74.7	18	1.8	5.5	334 015	2.729
1997	78 973	123 626	137 798	71.7	20.4	1.7	6.2	326 692.6	2.643
1998	84 402	124 761	132 213	69.6	21.5	2.2	6.7	309 990.3	2.485
1999	89 677	125 786	133 831	69.1	22.6	2.1	6.2	314 789.9	2.502
2000	99 215	126 743	138 553	67.8	23.2	2.4	6.7	323 401.3	2.551
2001	109 655	127 627	143 199	66.7	22.9	2.6	7.9	329 577.3	2.582
2002	120 333	128 453	151 797	66.3	23.4	2.6	7.7	349 286.9	2.719
2003	135 823	129 227	174 990	68.4	22.2	2.6	6.8	408 234.5	3.159
2004	159 878	129 988	203 227	68	22.3	2.6	7.1	472 339.7	3.634
2005	184 937	130 756	224 682	69.1	21	2.8	7.1	523 568.8	4.004
2006	216 314	131 448	246 270	69.4	20.4	3	7.2	573 600.9	4.364
2007	265 810	132 129	265 583	69.5	19.7	3.5	7.3	617 553.6	4.674
2008	314 045	132 802	285 000	68.7	18.7	3.8	8.9	652 070.6	4.910
2009	340 903	133 450	306 647	70.4	17.9	3.9	7.8	711 065.4	5.328
2010	401 513	134 091	324 939	68	19	4.4	8.6	742 354.8	5.536
2011	472 882	134 735	348 002	68.4	18.6	5	8	799 176.2	5.932
2012	516 282	135 404	361 732	66.6	18.8	5.2	9.4	815 809.1	6.025

由于不同能源的排放强度相对固定，因此，研究主要考虑规模、结构和技术效应对我国二氧化碳排放的影响，运用对数平均迪氏分解法计算得到的结果见表3-4。

表3-4　　　　　1978—2012年二氧化碳排放驱动因素分解结果

年份	规模效应（t/人）	结构效应（t/人）	技术效应（t/人）	排放变化（t/人）
1978—1979	0.137178	−0.12029	−0.00044	0.016448
1979—1980	0.146827	−0.12267	−0.00086	0.023297
1980—1981	0.086569	−0.12663	−0.00087	−0.040931
1981—1982	0.099978	−0.06016	−0.0017	0.038118
1982—1983	0.150737	−0.07729	−0.00377	0.069677
1983—1984	0.281105	−0.18873	0.011415	0.10379
1984—1985	0.355908	−0.24701	0.001512	0.11041
1985—1986	0.20606	−0.13916	0.002655	0.069555
1986—1987	0.268883	−0.17045	0.002748	0.101181
1987—1988	0.406573	−0.29728	0	0.109293
1988—1989	0.220232	−0.16569	−0.00054	0.054002
1989—1990	0.166446	−0.15865	−0.0065	0.001296
1990—1991	0.30119	−0.22182	0.005271	0.084641
1991—1992	0.443826	−0.35737	−0.00376	0.082696
1992—1993	0.600795	−0.48729	−0.01199	0.101515
1993—1994	0.720753	−0.61159	−0.00831	0.100853
1994—1995	0.559304	−0.41811	−0.0108	0.130394

年份	规模效应（t/人）	结构效应（t/人）	技术效应（t/人）	排放变化（t/人）
1995—1996	0.391523	−0.26618	0.014326	0.139669
1996—1997	0.252061	−0.30137	−0.03723	−0.086539
1997—1998	0.146953	−0.27639	−0.02848	−0.157917
1998—1999	0.130756	−0.12083	0.007982	0.017908
1999—2000	0.23624	−0.16777	−0.01942	0.04905
2000—2001	0.238994	−0.17217	−0.0361	0.030724
2001—2002	0.229154	−0.09172	−0.0006	0.136834
2002—2003	0.337579	0.061876	0.040415	0.43987
2003—2004	0.533007	−0.04566	−0.01268	0.474667
2004—2005	0.533096	−0.17263	0.00998	0.370446
2005—2006	0.6332	−0.27167	−0.00199	0.35954
2006—2007	0.907335	−0.58967	−0.00751	0.310155
2007—2008	0.774552	−0.46084	−0.07748	0.236232
2008—2009	0.394923	−0.04529	0.068596	0.418229
2009—2010	0.862686	−0.57405	−0.08077	0.207866
2010—2011	0.91021	−0.54467	0.029727	0.395267
2011—2012	0.495305	−0.29359	−0.10818	0.093535
合计	13.15994	−8.30281	−0.26535	4.59175

根据表3-4可得1978—2012年中国二氧化碳排放的驱动因素分解趋势图，如图3-2所示。

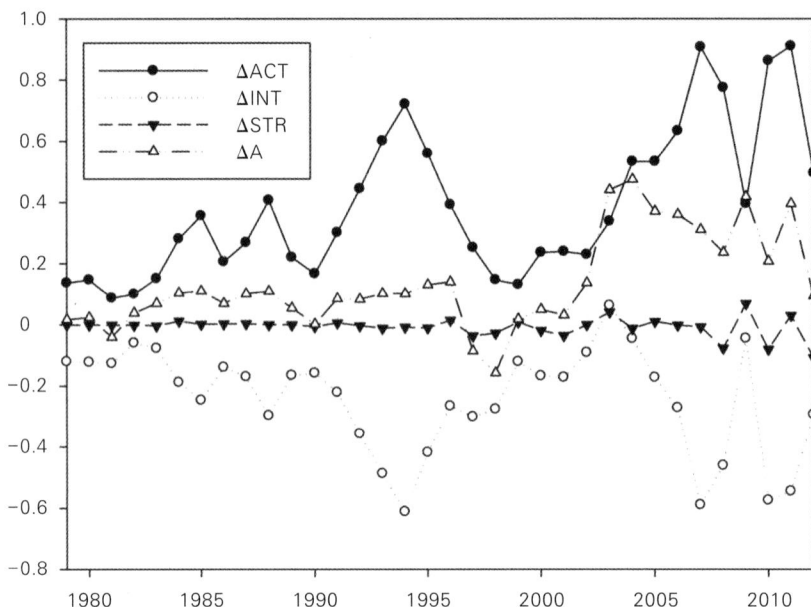

图3-2　1978—2012年中国二氧化碳排放驱动因素分解图示

从图3-2和表3-4可知，经济发展（规模效应）是我国人均二氧化碳排放的主要拉动因素，结构效应和技术效应是我国人均二氧化碳排放的抑制因素。从1978年到2012年间，由于城镇化导致的经济增长使得人均二氧化碳排放总计增加了13.16吨/人，而城镇化带来的结构效应使得人均二氧化碳排放总计降低8.30吨/人，技术效应带来的人均二氧化碳排放效果最小，累积拉低了0.27吨/人。

通过计算不同因素对中国人均二氧化碳排放的影响程度，实证分析了城镇化影响二氧化碳排放的机理。目前，我国处于城镇快速发展的阶段，城镇化的发展较为粗放，量的发展速度大于质的提高速度，由此导致二氧化碳排放快速增长。城镇化带来的产业结构和能源消费结构变化逐渐向好，将会成为降低碳排放的重要因素。但是与城镇化导致的经济规模扩大因素相比，产业结构优化仍然有很大的提高空间，这是下一步需要发展的方向。另外我们可以观察到，目前技术效应正在发挥作用，但是作用有限，当然这与技术效应在增量上降低有关，但是如果要实现低碳城镇化，我们需要充分挖掘通过提高能源使用效率和减少排放量的能力来发挥技术效应的作用。

第三节　小　结

城镇化与二氧化碳排放之间存在错综复杂的关系：城镇化促进经济发展、导致能源消费增加，从而使二氧化碳排放增加；城镇化带来的经济集聚效应和规模效应及技术效率的提高会降低二氧化碳的排放等。这表明城镇化对二氧化碳的影响是一个复杂的机制，包括直接或者间接的作用，同时也牵扯到经济社会和生活方式的不同变化。因此本书从理论上分析了城镇化带来的经济规模扩大、结构调整和技术效应影响二氧化碳排放的作用机理。

为了进一步分析我国城镇化如何影响二氧化碳排放，研究采用对数平均迪氏分解法量化分析规模效应、结构效应和技术效应的影响。研究发现：城镇化导致的经济增长（规模效应）是人均二氧化碳排放增加的主要拉动因素；而城镇化过程中结构效应是人均二氧化碳排放的主要拉低因素；城镇化过程中的技术效应成为拉低人均二氧化碳排放量的因素，但与结构效应相比对二氧化碳的影响效果最小。

基于我国城镇化影响二氧化碳排放的机理分析，本书认为目前我国处于城镇快速发展的阶段，城镇化的发展较为粗放，目前只是处于量的快速发展时期，由此导致的二氧化碳排放快速增长；城镇化带来的结构变化的影响越来越重要，成为降低二氧化碳排放的最大因素，但是与城镇化导致的经济规模扩大因素相比，产业结构优化仍然有很大的提高空间；目前技术效应正在发挥作用，但是作用有限，当然这与技术效应是在增量上降低有关，如果要实现低碳城镇化，我们需要充分挖掘通过提高能源使用效率和减少排放量的能力来发挥技术效应的作用。

第四章 我国城镇化对二氧化碳排放影响的长期稳定关系和短期波动效应分析

　　上一章从我国城镇化会导致经济规模扩大、结构发生变化以及城镇化的规模效应和分工深化导致效率提高这三个角度分析了城镇化进程对二氧化碳的影响，并对这三种因素如何影响二氧化碳排放进行了定量研究。但是以上的分析缺乏时间的维度。而分析城镇化对二氧化碳排放影响的长期关系和短期动态效应，有助于针对未来我国城镇化对二氧化碳排放影响的变化趋势做出准确预测，为政府制定应对气候变化政策、推动我国低碳城镇化提供参考。目前关于城镇化对二氧化碳排放影响的动态关系研究文献相对较少，而仅有的几篇文献只是侧重于单纯分析城镇化和二氧化碳排放的关系，考虑到在过去我国处于工业化和城镇化快速推进阶段，二氧化碳排放的快速增长当然与城镇化和工业化密不可分，因此，在研究二氧化碳排放的过程中不能将城镇化和工业化割裂开来。本章综合考虑城镇化和工业化对二氧化碳排放的影响，具体采用协整的方法检验我国城镇化和二氧化碳排放之间的长期稳定关系，并基于误差修正模型分析了两者之间的短期波动效应。

第一节　变量说明

城镇化水平的测度按照不同标准一般有 5 种方法，即人口比重法、系数调整法、农村城镇化指标法、城镇土地利用指标法和现代城市指标法。由于实际操作中获取相关数据较难，目前普遍采用城市人口数量占全国人口数量的比例来衡量城市化率。本书考虑数据获取的便利性和方便与其他研究结果相比较，也采用城镇人口占总人口的比率来衡量城镇化，因此本章研究采用了 1978—2011 年的城镇人口占总人口比重的时间序列。

工业化通常被定义为工业或第二产业产值在国内生产总值中比重不断上升的过程，以及工业部门就业人数在总就业人数中比例不断扩大的过程。考虑到工业就业人口数据较难获取，本章将工业化定义为第二产业产值占国内生产总值的比重。工业化率的计算方法有两种：第一，工业化率是指工业增加值占全部国内生产总值的比重，即工业化率=工业增加值/GDP，这种计算方法中工业化率均小于 100%；第二，工业化率是指工业增加值与第一产业的比值，即工业化率=工业增加值/第一产业增加值。考虑到已有的大部分研究城镇化与二氧化碳排放之间关系的文献多采用第一种计算方法（如 Poumanyvong et al.，2010[1]；Martínez-Zarzoso and Maruotti，2011[2]；Cole and Neumayer，2004[3]；Alam，et al.，2007[4]；Parikh

---

[1]　POUMANYVONG P, KANEKO S, DHAKAL S. Impacts of urbanization on national transport and road energy use: Evidence from low, middle and high income countries [J]. Energy Policy, 2012, (46): 268-277.

[2]　MARTÍNEZ-ZARZOSO I, MARUOTTI A. The impact of urbanization on CO_2 emissions: Evidence from developing countries [J]. Ecological Economics, 2011, 70 (7): 1344-1353.

[3]　COLE M A, NEUMAYER E. Examining the impact of demographic factors on air pollution [J]. Population and Environment, 2004, 26 (1): 5-21.

[4]　ALAM S, FATIMA A, BUTT M S. Sustainable development in Pakistan in the context of energy consumption demand and environmental degradation [J]. Journal of Asian Economics, 2007, 18 (5): 825-837.

and Shukla，1995[1]；York，et al.，2003[2]；Sharma，2011[3]），本章采用第一种方法计算工业化率。

二氧化碳的排放根据终端能源消费法计算，具体数据参考上一章。

为了避免数据的剧烈波动，同时为了消除原始数据可能存在的异方差并对数据进行无量纲化，研究中对人口城镇化、工业化和二氧化碳排放数据均取对数处理，分别记为 LNURB、LNIND、LNCO，其时间趋势与变量的一阶差分趋势分别如图 4-1 和图 4-2 所示。从图 4-2 中我们可以发现 LNCO、LNIND、LNURB 之间存在相同的趋势。

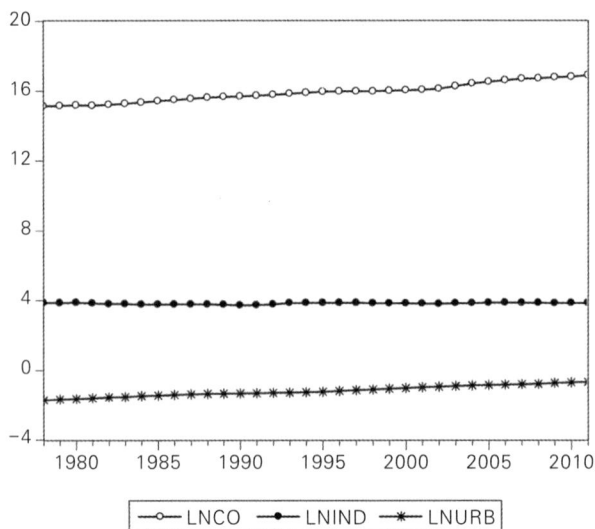

图 4-1　水平变量趋势图

① PARIKH J，SHUKLA V. Urbanization，energy use and greenhouse effects in economic development：Results from a cross-national study of developing countries［J］. Global Environmental Change，1995，5（2）：87-103.

② YORK R，ROSA E A，DIETZ T.A rift in modernity? Assessing the anthropogenic sources of global climate change with the STIRPAT model［J］. International Journal of Sociology and Social Policy，2003，23（10）：31-51.

③ SHARMA S S.Determinants of carbon dioxide emissions：Empirical evidence from 69 countries［J］. Applied Energy，2011，88（1）：376-382.

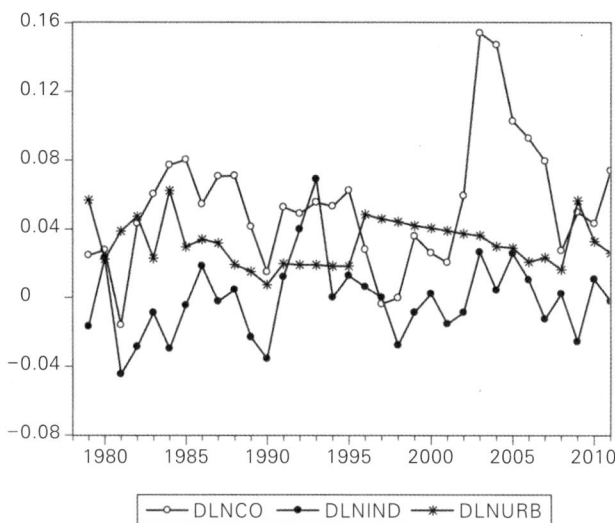

图 4-2 差分变量趋势图

第二节 变量平稳性检验

由于用非平稳经济变量建立模型会带来虚假回归问题，所以在对时间序列进行分析前，需要检验时间序列的平稳性。从图 4-1 和图 4-2 中可以看出，三个水平变量的时间序列并没有表现出平稳性，但其一阶差分序列呈现出类似于"白噪声"的过程，具有平稳性。所以，从图示初步可以判定一阶差分为平稳过程。根据时间序列的趋势图只能为平稳性检验提供初步的参考，需要用更科学的方法判断，通常使用单位根检验来验证序列平稳性。自单位根被发现以来，近些年来已经提出了 20 余种常用的单位根检验，其中包括迪克—富勒（Dickey-Fuller，1979）[①]提出的 DF、ADF 检验，艾里—尤兹伯格—斯托克（Elliott-Graham-Rothenberg-Stock，

---

① DICKEY D A, FULLER W A. Distribution of the estimators for autoregressive time series with a unit root [J]. Journal of the American Statistical Association，1979，74：427-431.

1996）①提出的 DF-GLS 检验与 ERS 点最优检验以及克维克斯基—菲利普斯—斯密特—钦（Kwiatkowski-Phillips-Schmidt-Shin，1992）②提出的 KPSS 检验等。同时麦金农（MacKinnon，1991）③用蒙特卡洛模拟方法给出单位根检验（和协整检验）临界值表。通常使用的单位根检验方法有 DF、ADF、DF-GLS、KPSS 等。DF 检验使用一阶自回归来检验单位根，要求扰动项为独立白噪声过程。而 ADF 检验可用于高阶检验，因此研究中采用 ADF 单位根检验法来检验变量的平稳性。

考虑时间序列 $\{y_t\}$ 存在 p 阶序列相关，用 p 阶自回归过程来修正：

$$y_t = a + \phi_1 y_{t-1} + \phi_2 y_{t-2} + \cdots + \phi_p y_{p-2} + \mu_t \qquad (4.1)$$

在式（4.1）两端减去 y_{t-1}，通过添项和减项的方法，可得：

$$\Delta y_t = a + \rho y_{t-1} + \sum_{i=1}^{p-1} \varphi_i \Delta y_{t-1} + \mu_t \qquad (4.2)$$

其中，

$$\rho = \sum_{i=1}^{p} \phi_i - 1, \quad \varphi = -\sum_{j=1}^{p} \phi_j - 1$$

ADF 检验方法通过再回归方程右边加入因变量 y_t 的滞后差分项来控制高阶序列相关，有三种形式：

$$\Delta y_t = \rho y_{t-1} + \sum_{i=1}^{p-1} \varphi_i \Delta y_{t-1} + \mu_t \qquad (4.3)$$

$$\Delta y_t = \beta t + \rho y_{t-1} + \sum_{i=1}^{p-1} \varphi_i \Delta y_{t-1} + \mu_t \qquad (4.4)$$

$$\Delta y_t = \alpha + \beta t + \rho y_{t-1} + \sum_{i=1}^{p-1} \varphi_i \Delta y_{t-1} + \mu_t \qquad (4.5)$$

---

① ELLIOTT G, et al. On the robustness of cointegration methods when regressors almost have unit roots [J]. Econometrica, 1998: 149-158.

② KWIATKOWSKI D, PHILLIPS P C B, SCHMIDT P, et al. Testing the null hypothesis of stationarity against the alternative of a unit root: How sure are we that economic time series have a unit root? [J]. Journal of Econometrics, 1992, 54 (1): 159-178.

③ MACKINNON R. Determination of the subunit stoichiometry of a voltage-activated potassium channel [J]. Nature, 1991 (350): 232-235.

扩展定义将检验:

$$\begin{cases} H_0: \rho = 0 \\ H_0: \rho < 0 \end{cases} \qquad (4.6)$$

其中, α 为常数, βt 为线性趋势项, 加入滞后项是为了消除残差序列的自相关性, 因此确定滞后阶数的主要原则是使残差 μ_t 为白噪声过程。若 $\rho = 0$, 则接受原假设, 序列存在一个单位根; 若 $\rho < 0$, 则拒绝原假设, 说明序列不存在单位根, 即为平稳序列。若经过 p 次差分后是一个平稳序列, 则该序列为 p 阶单整。

采用 ADF 方法进行单位根检验, 首先要确定选择上述三种回归模型中的哪一种来检验。本书的检验思路是: 首先根据图形来判断序列是否有截距项或趋势项, 有的话直接判断; 第一个方法行不通的话, 则采用式 (4.5) 判断, 如趋势项显著则保留趋势项, 否则的话就采用式 (4.4) 检验; 若常数项显著的话则保留常数项, 否则采用式 (4.3) 检验。采用 ADF 方法对 LNCO、LNIND、LNURB 进行单位根检验的具体结果见表 4-1。

表 4-1　　　　LNCO、LNIND 和 LNURB 序列的单位根 ADF 检验结果

变量	P 值	ADF 统计量	1% 临界值	5% 临界值	10% 临界值	结论
LNCO	0.9709	0.23797	−3.65373	−2.95711	−2.61743	不平稳
ΔLNCO	0.0886	−2.67442	−3.65373	−2.95711	−2.61743	平稳
LNURB	0.9623	0.119277	−3.65373	−2.95711	−2.61743	不平稳
ΔLNURB	0.0008	−4.61438	−3.65373	−2.95711	−2.61743	平稳
LNIND	0.2343	−2.13157	−3.65373	−2.95711	−2.61743	不平稳
ΔLNIND	0.0017	−4.33616	−3.65373	−2.95711	−2.61743	平稳

由表 4-1 可知, 变量 LNCO、LNIND 和 LNURB 时间序列在 10% 显著水平上存在单位根, 为非平稳序列。而它们的一阶差分序列在 10% 的显著水平上拒绝原假设, 是平稳序列。因此, 变量 LNCO、LNIND 和 LNURB

时间序列满足协整检验的前提条件，可以进一步检验这三个变量之间的协整关系。

第三节 我国城镇化、工业化和二氧化碳排放之间的长期协整检验分析

一、协整检验定义和原理

由于大多数时间序列是非平稳的，因此通常采用差分的方法消除序列中含有的非平稳趋势，使所分析的序列平稳化后再建立模型。但是变换后的序列往往限制了所讨论经济问题的范畴，并且有时差分变换后的序列由于不具有直接的经济意义，使得化为平稳序列后所建立的时间序列模型分析结果不便于解释。1987年Engle和Granger[①]提出的协整理论及其方法，为非平稳序列的建模提供了另外一种可能途径。根据Engle和Granger的理论，虽然一些经济变量的时间序列是非平稳序列，但是，它们的线性组合却有可能是平稳序列。这种线性组合被称为协整过程，且可被描述为变量之间的长期稳定的均衡关系。

通常来说，协整的概念是一个强有力的概念。因为协整方程允许我们分析两个或多个序列之间的平衡或平稳关系。Engle和Granger同时指出两个或多个非平稳时间序列的线性组合可能是平稳的，根据Engle和Granger给出协整的定义为：

k维向量时间序列 $y_t = (y_1, y_{2t}, \cdots, y_{kt})$ $(t=1, 2, \cdots, T)$ 的分量序列被称为 d, b 阶协整，记为 $y_t \sim CI(d, b)$，如果满足：

（1）$y_t \sim CI(d)$，要求 y_t 的每个分量都是 d 阶单整的；

（2）存在非零向量 β，使得 β 又称为协整向量。

---

① ENGLE R F, GRANGER C W J.Co-integration and error correction: Representation, estimation, and testing [J]. Journal of the Econometric Society, 1987: 251-276.

简称 y_t 是协整的，向量 β 称为协整向量。

由于 LNCO、LNIND 和 LNURB 均为 I（1），故可对 LNCO、LNIND 和 LNURB 进行协整检验，以确定它们之间是否存在某种长期稳定的均衡关系。协整检验从检验的对象和检验个体个数上可以分为两种：一种是基于回归系数的协整检验，如 Johansen 协整检验，包括 Trace 统计量和 Max-Eigen 统计量，通常适用于多变量的检验；另一种是基于回归残差的协整检验，如 CRDW（cointegration regression Durbin-Watson）检验、EG 检验和 AEG（augmented Engle-Granger）检验，一般用于双变量的检验。考虑到本书选取三个变量，因此在本章中，研究使用 Johansen 协整检验方法。

二、协整检验分析结果

本书的协整检验变量大于两个，因此选用 Johansen 协整检验方法。Johansen 协整检验是基于回归系数的协整检验，有时也称为 JJ（Johansen-Juselius）检验。

Johansen 协整检验最早由 Johansen[1] 在 1988 年及 1990 年与 Juselius[2] 一起提出的以向量自回归（VAR）模型为基础的检验回归系数的方法，是一种进行多变量协整检验的方法。

由于 Johansen 协整检验基于 VAR 模型，所以在进行 JJ 协整检验之前需要确定 VAR 模型的结构，其中最关键的一步即确定 VAR 模型的最优滞后阶数，以使得构建的模型可以反映出变量相互影响的绝大部分。如果滞后期过小，误差项可能出现严重的自相关；反之，滞后项过大的话，会导致牺牲过大的自由度而影响估计的有效性。

确定 VAR 模型的滞后阶数方法主要有 LR（Likelihood Ration）检验方

① JOHANSEN S.Statistical analysis of cointegration vectors [J]. Journal of Economic Dynamics And Control，1988，12（2）：231-254.

② JOHANSEN S，JUSELIUS K. Maximum likelihood estimation and inference on cointegration—with applications to the demand for money [J]. Oxford Bulletin of Economics and Statistics，1990，52（2）：169-210.

法、AIC（Akaike Information Criterion，赤池信息准则）和SC（Schwarz Information Criterion，施瓦尔茨信息准则），其计算公式分别为：

$$LR = (T-m)\{\ln\left|\sum\nolimits_{j-1}\right| - \ln\left|\sum\nolimits_{j}\right|\} \sim \chi^2(k^2) \qquad (4.7)$$

$$AIC = -2l/T + 2n/T \qquad (4.8)$$

$$SC = -2l/T + n\ln T/T \qquad (4.9)$$

式（4.7）中，m是可选择的其中一个方程中的参数个数：$m=d+kj$，d是外生变量的个数，k是内生变量个数，$\sum_{j-1}$和$\sum_{j}$分别表示滞后阶数（$j-1$）和j的VAR模型的残差协方差矩阵的估计。式（4.8）和式（4.9）中$n=k$（$d+pk$）是被估计的参数的总数，k是内生变量个数，T是样本长度，d是外生变量的个数，p是滞后阶数。通过假定服从多元正态分布计算对数似然值l：

$$l = -\frac{Tk}{2}(1+\ln 2\pi) - \frac{T}{2}\ln\left|\overset{\wedge}{\sum}\right| \qquad (4.10)$$

本章在分析时比较三个变量不同阶数LR统计、AIC信息准则和SC信息准则的所得值，发现在滞后2阶时，三个值统一为最小，因此可以确定LNCO、LNIND和LNURB三个变量构成的VAR模型的最优滞后阶数为2，即VAR（2）具体结果见表4-2。

表4-2　　　　　　　　　　VAR模型滞后阶数选择结果

Lag	LogL	LR	FPE	AIC	SC	HQ
0	89.52543	NA	7.56E−07	−5.58229	−5.44351	−5.53705
1	240.569	263.1081	7.95E−11	−14.7464	−14.1912*	−14.5654
2	254.8029	22.03968*	5.78e−11*	−15.0840*	−14.1127	−14.7674*
3	261.0173	8.419499	7.26E−11	−14.9043	−13.5166	−14.452

注：*表示根据本标准选择的滞后阶数；LR为序列调整的LR检验统计量（5%显著性水平），FPE为最后预测误差，AIC为赤池信息准则，SC为施瓦尔茨信息准则，H-Q为汉南-奎因信息准则。

确定滞后阶数后，进一步采用迹检验和最大特征根检验来检验LNCO、LNIND和LNURB三个变量之间是否具有长期的协整关系，Johansen协整检验结果见表4-3。

表4-3 Johansen协整检验结果

变量序列	原假设	迹检验		最大特征根检验	
		统计量	5%临界值	统计量	5%临界值
LNCO	None*	42.77785	35.19275	27.40337	22.29962
LNURB	At most 1	15.37448	20.26184	10.638	15.8921
LNIND	At most 2	4.736479	9.164546	4.736479	9.164546

从表4-3可知，在5%显著水平下，变量序列LNCO、LNIND和LNURB的迹检验拒绝了none（一个协整关系都没有）的原假设，但是不能拒绝At most 1（最多有一个协整关系）和At most 2（最多有两个协整关系）的原假设，最大特征根检验结果和迹检验的结果一样。两种检验结果说明我国城镇化和工业化进程与二氧化碳碳排放之间存在着长期稳定的关系，即在1978—2012年间，我国二氧化碳排放变化和城市化、工业化变化是密切相关的。

同时可以得到LNCO、LNURB和LNIND之间标准化后的长期均衡方程：

$$LNCO=9.24+1.65LNURB+2.26LNIND \tag{4.11}$$
$$(-18.9996)(-3.67483)$$

均衡方程（4.11）显示，二氧化碳排放与中国的城市化和工业化正相关，且工业化对二氧化碳排放的影响程度相对要大一些。由协整方程结果可知，在综合考虑工业化和城镇化对二氧化碳排放的影响过程中，中国城市化率每升高 1 个百分点，二氧化碳排放增加 1.65 个百分点；工业增加值占 GDP 的比重每上升 1 个百分点，二氧化碳排放相应增加 2.26 个百分点。

第四节　我国城镇化和二氧化碳排放之间的短期波动效应分析

协整分析结果表明我国城镇化、工业化和二氧化碳排放三者之间存在着长期均衡关系，且可以用长期方程进一步表现出来，中国城市化率每上升 1 个百分点，二氧化碳排放相应增加 1.65 个百分点；工业化率每上升 1 个百分点，二氧化碳排放相应增加 2.26 个百分点。但在得到三者之间的长期均衡关系后，实际经济数据往往是由"非均衡过程"产生的，长期均衡关系不能反映短期变化。因此，在建立模型时需要利用数据的动态非均衡过程来反映经济理论中的长期均衡过程。因此，本节建立误差修正模型来反映短期波动变化。

根据 Engle 和 Granger（1987）的观点，如果包含在向量自回归（VAR）模型中的变量之间存在长期协整关系的话，则可以建立包含这些变量之间的误差修正项在内的向量误差修正模型（VECM）；且如果非平稳变量之间可以建立误差修正模型，则这些变量之间一定存在协整关系。VECM 模型的一般表达式为：

$$\Delta y_t = \eta ECM_{t-1} + \sum_{i=1}^{p} \Delta x_{t-1} + \sum_{i=1}^{p} \varphi_i \Delta y_{t-1} + \mu_t \qquad (4.12)$$

其中，ECM_{t-1} 是误差修正项，为长期均衡关系，η 为修正系数，表示误差项对 Δy_t 的调整力度，差分项表示变量之间短期波动的影响关系。由于 VECM 模型的滞后期是向量自回归模型（VAR）一阶差分变量的滞后期，所以 VECM 模型的最优滞后阶数比 VAR 模型的最优滞后阶数小一阶。上一节分析 VAR 模型的最优滞后阶数为 2，所以可以确定 VECM 模型的最优滞后期为1。分析VECM模型的向量矩阵见表4-4。

表4-4 误差修正模型系数向量统计表

方程	D（LNCO）	D（LNIND）	D（LNURB）
CointEq1	−0.07168 [−1.21502]	0.110434 [2.61287]	−0.05987 [−2.54596]
D（LNCO（−1））	0.715978 [4.73042]	0.145019 [1.33729]	−0.0916 [−1.51804]
D（LNIND（−1））	−0.29425 [−1.11854]	0.274947 [1.45877]	−0.03352 [−0.31965]
D（LNURB（−1））	−0.21995 [−0.44614]	0.67007 [1.89699]	−0.07708 [−0.39219]
C	0.023285 [1.28192]	−0.02921 [−2.24474]	0.038345 [5.29556]

注：D（ ）表示一阶差分，CointEq1为反映短期对长期均衡调整误差的修正项。

其中，CointEq1、CointEq2、CointEq3分别为误差修正项，式（4.12）反映的是二氧化碳排放的误差修正模型。误差修正模型分为两部分：一部分是自身和其他变量短期的影响；另一部分是偏离长期均衡关系的影响。从二氧化碳排放方程中的调整系数来看，调整系数为−0.07168，说明城镇化和工业化会出现负向调整二氧化碳的排放，使二氧化碳排放趋于均衡，同时短期二氧化碳排放量的变化和调整会导致我国二氧化碳排放量在未来趋于一个稳定水平。用方程表示为：

$$D(LNCO)=-0.07168\times(LNCO(-1)-2.26\times LNIND(-1)-1.65\times LNURB(-1)$$
$$-9.4)+0.715978\times D(LNCO(-1))-0.29425\times D(LNIND(-1))$$
$$-0.21995\times D(LNURB(-1))+0.023285 \qquad (4.13)$$

第五节　我国城镇化和二氧化碳排放之间的因果关系分析

在确定了城镇化影响二氧化碳排放的长期效应和短期效应之后，为了进一步分析城镇化和二氧化碳排放之间的关系，需要分析它们之间的因果关系。Granger 提出一个判断经济变量之间是否存在因果关系的检验方法，这就是 Granger 因果检验（Granger causality tests）。本节将基于 Granger 因果检验分析我国城镇化和工业化与二氧化碳排放之间的因果关系。

Granger 检验实际上是分析 x 的滞后值是否引起 y 的问题，主要看现在的因变量 y 能够在多大程度上被过去的自变量 x 解释，加入 x 的滞后值是否使解释程度提高。如果 x 在 y 的预测中有帮助，或者 x 与 y 的相关系数在统计上显著时，就可以说"y 是由 x Granger 引起的"。

考虑对 y_t 进行 s 期预测的均方误差（MSE）：

$$MSE = \frac{1}{S} \sum_{i=1}^{S} (\hat{y}_{t+1} - y_{t+1})^2 \tag{4.14}$$

可以正式地用如下的数学语言来描述 Granger 因果的含义：如果关于所有的 s>0，基于 $(y_t, y_{t-1}...)$ 预测 y_{t+s} 得到的均方误差，与基于 $(y_t, y_{t-1}...)$ 和 $(x_t, x_{t-1}...)$ 两者得到的 y_{t+s} 的均方误差相同，则 y 不是由 x Granger 引起的。对于线性函数，若有：

$$MSE[\hat{E}(y_{t+s}| y_t, y_{t-1}...)] = MSE[\hat{E}(y_{t+s}| y_t, y_{t-1}, ..., x_t, x_{t-1}...)] \tag{4.15}$$

可以得出结论：x 不能由 Granger 引起 y。如果等价的式（4.15）成立，则称 x 对于 y 是外生的。这个意思相同的第三种表达方式是 x 关于未来的 y 无线性影响信息。

由于实际操作中考虑 MSE 比较复杂，因此 Granger 检验通常以 VAR 模型为基础，将上述结果推广到两个变量的 VAR（2）：

$$\begin{bmatrix} y_t \\ x_t \end{bmatrix} = \begin{bmatrix} \phi_{10} \\ \phi_{10} \end{bmatrix} + \begin{bmatrix} \phi_{11}^{(1)} & \phi_{12}^{(1)} \\ \phi_{21}^{(1)} & \phi_{22}^{(1)} \end{bmatrix} \begin{bmatrix} y_{t-1} \\ x_{t-1} \end{bmatrix} + \begin{bmatrix} \phi_{11}^{(2)} & \phi_{12}^{(2)} \\ \phi_{21}^{(2)} & \phi_{22}^{(2)} \end{bmatrix} \begin{bmatrix} y_{t-2} \\ x_{t-2} \end{bmatrix} + \cdots + \begin{bmatrix} \phi_{11}^{(p)} & \phi_{12}^{(p)} \\ \phi_{21}^{(p)} & \phi_{22}^{(p)} \end{bmatrix} \begin{bmatrix} y_{t-p} \\ x_{t-p} \end{bmatrix} + \begin{bmatrix} \varepsilon_{1t} \\ \varepsilon_{2t} \end{bmatrix}$$

$$(4.16)$$

当且仅当系数矩阵中的系数 $\phi_{12}^{(q)}$（q=1，2，…，p）全部为0时，变量 x 不能由 Granger 引起 y，等价于变量 x 外生于变量 y。这时，判断 Granger 原因的直接方法是利用F检验来进行联合检验。

H_0：$\phi_{12}^{(q)}=0$，$q=1$，2，…，p

H_0：至少存在一个 q 使得 $\phi_{12}^{(q)} \neq 0$

其统计量为：

$$S_1 = \frac{(RSS_0 - RSS_1)/P}{RSS_1/(T-2p-1)} \sim F(p, T-2p-1)$$

$$(4.17)$$

服从F分布。如果 S_1 大于F的临界值，则拒绝原假设；否则不拒绝原假设：x 不能由 Granger 引起 y。

根据相应系数做Wald约束，F检验结果见表4-5。

表4-5 　　　　　　　　　　Granger因果关系检验结果

原假设	滞后期	χ^2统计值	P值	结论
URB does not Granger Cause CO	2	8.169242	0.0168	拒绝
IND does not Granger Cause CO	2	0.716225	0.699	接受
CO does not Granger Cause URB	2	4.674357	0.1266	接受
IND does not Granger Cause URB	2	5.499645	0.0639	拒绝
CO does not Granger Cause IND	2	3.035891	0.2192	接受
URB does not Granger Cause IND	2	4.27019	0.1182	接受

从表4-5可以看出，城镇化是二氧化碳排放增加的 Granger 原因，而

工业化并不是二氧化碳排放增加的Granger原因，可见城镇化会引起二氧化碳排放的增加，而工业化并不能引起二氧化碳排放的增加。根据上一章分析的二氧化碳排放驱动影响因素，经济规模、能源结构和产业结构及效率改变是我国二氧化碳排放的三个主要因素，而城镇化带来的直接后果是经济规模的迅速扩大和产业集聚及产业结构变化，这些都会导致二氧化碳排放变化。而同时单纯工业产值占GDP比重的变化即工业化变动不能直接影响二氧化碳排放的变化，而是通过影响经济规模扩大和能源消费扩大来影响二氧化碳排放的变化，所以采用Granger因果检验并不直接反映出因果关系。

　　同时，从表4-5可以看出，二氧化碳排放不是人口城镇化变化的Granger原因，但工业化是城镇化的Granger原因。分析其原因，二氧化碳排放是城镇化的结果，但并不是城镇化的诱因；而工业化是城镇化的诱因。分析城镇化的历史，城市的发展直接因素是技术进步，分工深化，城市发展导致的规模经济和工业集聚反过来促进工业化进一步发展，但是在工业发展到一定程度的时候，城市化的过程伴随着逆工业化。这说明我国目前的城镇化是由工业发展带动的，由于工业的大量消耗、大量废弃和大量排放特征，这种模式是不可持续的。因此，未来的城镇化需要合理三次产业结构，着重发展高科技、物流和服务业等第三产业，降低对第二产业的依赖。

　　另外，从表4-5中可以发现，二氧化碳排放不是工业化的Granger原因，城镇化不是工业化的原因。分析其具体原因，二氧化碳排放是工业化的结果，而目前二氧化碳排放增加的约束没有完全纳入工业发展的过程中，我国的工业发展仍旧需要通过市场的手段，运用合理的经济手段将资源环境的代价传到经济发展的过程中，促进经济发展绿色转型。另外，城镇化不是工业化的Granger原因，与我国城镇发展有关。我国城镇的发展多是行政安排，城市的兴起源于工业项目的布局，这也造成了城镇化发展滞后于工业化，因此在城镇的发展过程中需要更多地发挥市场的作用，通过合理配置要素资源来推动经济的发展，这样有利于解决目前失业、环境污染和交通拥堵等"城市病"。

第六节 我国城镇化对二氧化碳排放冲击的动态效应

在前面，采用协整检验的方法分析了1978—2011年间我国城镇化、工业化对二氧化碳排放的长期关系和短期动态调整机制，同时Granger因果检验则提供了这三个变量之间的相互影响机制，但这些分析只是基于静态的或者是样本内（within-sample）的分析，并没有具体分析一个变量的变化对另外一个变量的影响如何，而只是分析一个误差项发生了变化。为了更好地解释这三个变量之间的动态关系，且更好地理解变量外生性的影响，或者说分析模型受到某种冲击时对系统的动态影响，我们采用脉冲响应函数方法（impulse response function，IRF）进一步分析城镇化和工业化与二氧化碳排放之间相互影响的方向和程度，并用方差分解的方法进行量化。

一、广义脉冲响应分析

脉冲响应函数是指在其他变量t期以内保持不变的前提下，在随机误差项上施加一个单位标准差大小的新的冲击后，给内生变量的当前值和未来值带来的影响。

考虑两个变量的情形：

$$\begin{bmatrix} y_{1t} \\ y_{2t} \end{bmatrix} = \begin{bmatrix} \phi_{11}^{(o)} \phi_{12}^{(0)} \\ \phi_{21}^{(0)} \phi_{22}^{(0)} \end{bmatrix} \begin{bmatrix} \varepsilon_{1t} \\ \varepsilon_{2t} \end{bmatrix} + \begin{bmatrix} \phi_{11}^{(1)} \phi_{12}^{(1)} \\ \phi_{21}^{(1)} \phi_{22}^{(1)} \end{bmatrix} \begin{bmatrix} \varepsilon_{1t-1} \\ \varepsilon_{2t-1} \end{bmatrix} + \begin{bmatrix} \phi_{11}^{(2)} \phi_{12}^{(2)} \\ \phi_{21}^{(2)} \phi_{22}^{(12)} \end{bmatrix} \begin{bmatrix} \varepsilon_{1t-2} \\ \varepsilon_{2t-2} \end{bmatrix} + ... \quad (4.18)$$

现在假定在基期给y_1一个单位的脉冲，即：

$$\varepsilon_{1t} = \begin{cases} 1, & t = 0 \\ 0, & \text{其他} \end{cases}$$

$\varepsilon_{2t} = 0$，$t = 0$，1，2，…，则由y_1的脉冲引起的y_2的相应函数为：

$t = 0$，$y_{20} = \phi_{21}^{(0)}$

$t = 1$，$y_{21} = \phi_{21}^{(1)}$

$t = 2$，$y_{21} = \phi_{21}^{(2)}$

$\vdots$

因此，一般来说，由 y_j 引起的 y_i 的响应函数可以求出如下结果：

$\phi_{ij}^{(0)}$，$\phi_{ij}^{(1)}$，$\phi_{ij}^{(2)}$，$\phi_{ij}^{(3)}$，$\cdots$

且由 y_j 的脉冲引起的 y_i 的累积相应函数可表示为 $\sum_{q=0}^{\infty} \phi_{ij}^{(q)}$。

但上述脉冲响应函数的结果解释存在一个问题：前面我们假设协方差矩阵是非对角矩阵，这意味着扰动项向量中的其他元素随着第 j 个元素 ε_{ji} 的变化而变化，这就需要利用一个正交化的脉冲响应函数来解决这个问题。常用的正交化方法是 Cholesky[①] 分解。但是 Cholesky 分解的结果严格依赖于模型中变量的顺序。本节采用的 Koop 等（1996）[②] 提出的广义脉冲响应函数克服了上述缺点。

$$\psi(q, \delta_j, \Omega_{t-1}) = E(y_{t+q} | \varepsilon_{ji} = \delta_j, \Omega_{t-1}) - E(y_{t+q} | \varepsilon_{ji} = \Omega_{t-1}) (q = 0,1 \cdots) \qquad (4.19)$$

其中，δ_j 代表来自第 j 个变量的冲击，Ω_{t-1} 代表该冲击所获得的信息，因此，$\psi(q, \delta_j, \Omega_{t-1})$ 代表时间序列在 Ω_{t-1} 的条件下受到 δ_j 冲击时在 q 期的脉冲响应。Koop 研究表明，与 Cholesky 分解相比，广义脉冲响应函数的分析结果不依赖于内生变量的排序，而得到唯一的脉冲响应曲线使估计结果稳定性显著提高。

研究在 ECM 模型的基础上使用广义脉冲响应函数法来定性分析城镇化和工业化对二氧化碳排放的冲击结果如图 4-3 所示，冲击期数为 20 期。

---

① KERSHAW D S. The incomplete Cholesky—Conjugate gradient method for the iterative solution of systems of linear equations [J]. Journal of Computational Physics, 1978, 26 (1): 43-65.

① KERSHAW D S. The incomplete Cholesky—Conjugate gradient method for the iterative solution of systems of linear equations [J]. Journal of Computational Physics, 1978, 26 (1): 43-65.

② KOOP G, PESARAN M H, POTTER S M. Impulse response analysis in nonlinear multivariate models [J]. Journal of Econometrics, 1996, 74 (1): 119-147.

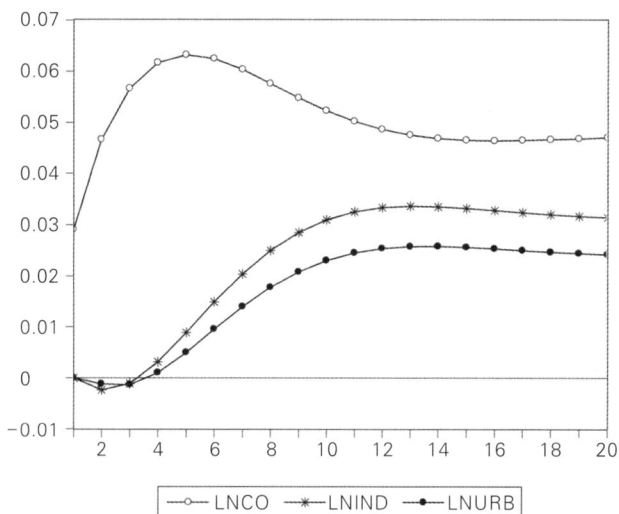

图 4-3　二氧化碳排放影响的脉冲响应函数

从图 4-3 可以看出，二氧化碳排放受到自身一个标准差的冲击，在第 5 期后达到最高点，随后冲击的影响减缓，在第 10 期后趋于平稳，但是冲击的影响并没有收敛。由于二氧化碳排放的增加与经济活动特别是工业活动和城镇化正相关，而二氧化碳排放的增加并不是暂时的，因此二氧化碳排放的增加具有锁定效应。当新投产的项目运行后，会短期刺激二氧化碳排放增加，而中长期环境管制将会拉低这种趋势，但是二氧化碳排放仍将保持一定的水平。

分析城镇化对二氧化碳排放的影响，城镇化在获得一个正向的标准差冲击后，首先降低二氧化碳排放的速度，从第 3 期开始，逐渐刺激二氧化碳排放增加，直到第 11 期达到最高值后，二氧化碳排放逐渐趋于平稳，但是并没有收敛。这说明我国目前的城镇化并不是低碳型的城镇化，城镇化的资源环境代价过高，是不可持续的。

而工业化对二氧化碳排放的影响与城镇化对二氧化碳排放的影响相似，在工业化获得一个正向的标准差冲击后，首先降低二氧化碳排放的速度，从第 3 期开始，二氧化碳排放速度增加，直到第 11 期后速度趋于平稳，但是并没有收敛。这说明我国的工业化的推进刺激二氧化碳排放的增加是不可持续的。

二、方差分析结果

脉冲响应函数描述的是向量自回归模型（VAR）中的一个内生变量的冲击给其他内生变量所带来的影响。而方差分解（Variance Decomposition）则是通过分析每一个结构的冲击对内生变量变化的贡献度，进一步评价不同结构冲击的重要性。因此，方差分解会给出对向量自回归模型（VAR）中的变量产生影响的每个随机扰动的信息。根据 Sims 提出的方差分解方法：

$$y_{it} = \sum_{j=1}^{k} (\phi_{ij}^{(0)} \varepsilon_{jt} + \phi_{ij}^{(1)} \varepsilon_{jt-1} + \phi_{ij}^{(2)} \varepsilon_{jt-2} + \cdots)$$

$$i = 1, 2, \cdots, k, t = 1, 2, \cdots, T \qquad (4.20)$$

可知各个括号中的内容是第 j 个扰动项 ε_j 从无限过去到现在时点对 y_i 影响的总和。求其方差，假定 ε_j 无序列相关，则：

$$E[\phi_{ij}^{(0)} \varepsilon_{jt} + \phi_{ij}^{(1)} \varepsilon_{jt-1} + \phi_{ij}^{(2)} \varepsilon_{jt-2} + \cdots^2] = \sum_{j=1}^{k} (\phi_{ij}^{(q)})^2 \sigma_{ij}$$

$$i, j = 1, 2, \cdots, k \qquad (4.21)$$

y_i 的方差是上述方差的 k 项简单和，再利用 Cholesky 分解将 y_i 的方差分解为 k 种不相关的影响，可得到第 j 个变量基于 VAR 模型的方差对第 i 个变量的影响的相对方差贡献率（relative variance contribution，RVC）：

$$RVC_{j \to i} = \frac{\sum_{q=0}^{\infty} (\phi_{ij}^q)^2 \sigma_{ij}}{var(y_i)} = \frac{\sum_{q=0}^{\infty} (\phi_{ij}^q)^2 \sigma_{ij}}{\sum_{j=1}^{k} \left\{ \sum_{q=0}^{\infty} (\phi_{ij}^q)^2 \sigma_{ij} \right\}}$$

$$i, j = 1, 2, \cdots, k \qquad (4.22)$$

根据正交分解得到 LNCO 的分解结果如图 4-4 和表 4-6 所示，其中图 4-2 横坐标表示冲击发生后的时间间隔（单位：年），纵坐标表示各变量冲击的贡献度（单位：%）。

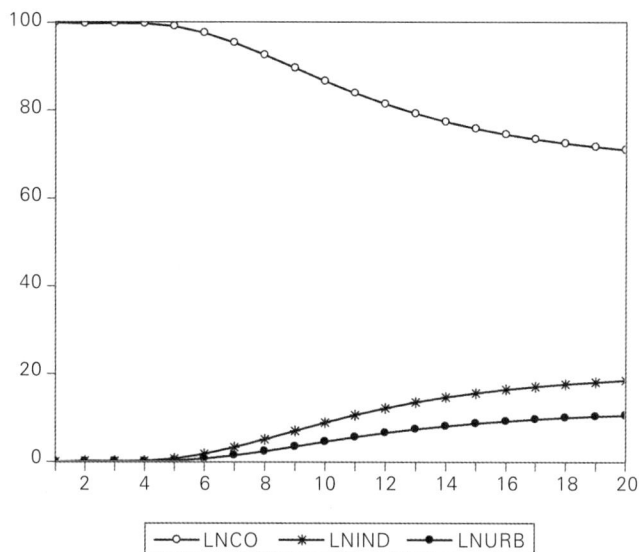

图 4-4 LNCO 的方差分解（LNIND 和 LNURB）

分析正交分解的结果，在短期内二氧化碳排放增加的主要因素是由其自身引起的，比例维持在 99% 以上。从第 6 期开始有所降低，降低为 97.6% 左右，并由此降低幅度有所增加，但经过 20 期的冲击，二氧化碳排放自身的影响仍达到 71%。分析这种影响的原因：二氧化碳排放具有锁定效应。当前我国排放二氧化碳较高的行业多为石化、能源、建筑、冶炼等重工业，一旦这些项目投产，其生命周期较长，且面临着技术改造投入大的问题。另外，我国的经济中投资的比例过大，面临着长期转型困难，这些都会导致未来一段时间二氧化碳排放继续攀升。分析城镇化和工业化对二氧化碳排放的影响趋势，在前 4 期，工业化和城镇化对二氧化碳的排放几乎没有影响。从第 5 期开始，工业化和城镇化的影响逐渐增加，且工业化对二氧化碳排放的影响一直大于城镇化对二氧化碳排放的影响，经过20期的冲击，工业化的影响升高至约18.5%，同时城镇化的影响则为约10.5%。我们还观察到，随着冲击的持续，工业化、城镇化的影响逐渐趋于平稳。

表4-6 　　　　　　　　　LNCO的方差分解结果

Period（期）	S.E.	LNCO	LNIND	LNURB
1	0.029068	100.0000	0.000000	0.000000
2	0.055038	99.77654	0.178551	0.044910
3	0.079005	99.84373	0.106095	0.050172
4	0.100286	99.79495	0.163554	0.041493
5	0.118984	99.12539	0.669785	0.204829
6	0.135527	97.63078	1.717374	0.651844
7	0.150384	95.38491	3.228426	1.386662
8	0.163928	92.62511	5.035898	2.338996
9	0.176417	89.63473	6.956588	3.408686
10	0.188015	86.66067	8.838671	4.500661
11	0.198828	83.87620	10.58047	5.543327
12	0.208941	81.37862	12.12863	6.492752
13	0.218433	79.20471	13.46658	7.328709
14	0.227379	77.35055	14.60155	8.047899
15	0.235856	75.78885	15.55370	8.657450
16	0.243934	74.48146	16.34866	9.169881
17	0.251677	73.38756	17.01275	9.599682
18	0.259139	72.46829	17.57050	9.961207
19	0.266362	71.68917	18.0433	10.26753
20	0.273382	71.02103	18.44908	10.5299

总而言之，从方差分解结果可知：在短期内城镇化和工业化的变化对二氧化碳排放的影响微乎其微，二氧化碳增加的主要原因是其自身的锁定效应；从中长期看，随着应对气候变化的压力传导至经济活动末端和环境规制的强化，经济活动排放碳的效率提高，而这个时候城镇化和工业化对二氧化碳排放的影响增加，且工业化的影响大于城镇化的影响，但与二氧化碳排放对自身的影响程度相比，工业化和城镇化的影响相对较小，我国的经济还是处于高碳的模式，经济发展模式亟待转型。而从城镇化发展的角度看，如果按照当前的城镇化模式发展，不能积极促进二氧化碳排放的降低，且由于城镇化发展导致的产业发展模式的路径依赖会使我国未来的二氧化碳排放仍处于高位。所以在未来的城镇化发展过程中，应积极促进低碳城镇化发展，同时积极调整区域城市的支柱产业和产业结构及产业发展模式，寻找一条创新驱动的绿色发展模式。

第七节　小　结

研究我国城镇化对二氧化碳排放的长期和短期动态影响，有助于对未来我国城镇化对二氧化碳排放影响的变化趋势做出准确预测，为政府制定相关政策，推动我国低碳城镇化提供有益的参考。考虑到在过去几十年我国处于工业化和城镇化快速推进阶段，二氧化碳排放的快速增长当然与城镇化和工业化密不可分，因此，本章综合考虑了城镇化和工业化对二氧化碳排放的影响，采用协整和误差修正模型的方法分别检验了城镇化和二氧化碳之间的长期效应和短期效应。

研究结果表明，城镇化、工业化和二氧化碳排放量之间存在长期的协整关系，中国城市化率每增加1个百分点，二氧化碳排放增加1.65个百分点；工业增加值占GDP的比重每上升1个百分点，二氧化碳排放相应增加2.26个百分点。基于误差修正模型的分析可知：从二氧化碳排放方程中的调整系数来看，调整系数为-0.07168，说明城镇化和工业化会向负向调整二氧化碳的排放，使二氧化碳排放趋向均衡，同时短期二氧化碳排放量的变动和调整会导致我国二氧化碳排放量在未来趋向一个稳定水平。

进一步分析城镇化、工业化和二氧化碳排放之间的因果关系：城镇化是二氧化碳排放增加的 Granger 原因，而工业化不是二氧化碳排放增加的 Granger 原因；二氧化碳排放不是人口城镇化的 Granger 原因，工业化是城镇化的 Granger 原因；二氧化碳排放不是工业化的 Granger 原因，城镇化不是工业化的原因。

由城镇化与工业化对二氧化碳排放冲击的动态效应分析结果可知：二氧化碳排放受到自身一个标准差的冲击，在第 5 期后达到最高点，随后冲击的影响减缓，在第 10 期后趋于平稳，但是冲击的影响并没有收敛；城镇化在获得一个正向的标准差冲击后，首先降低二氧化碳排放的速度，从第 3 期开始，逐渐刺激二氧化碳排放增加，直到第 11 期达到最高值后，二氧化碳排放逐渐趋于平稳，但是并没有收敛；工业化对二氧化碳排放的影响与城镇化对二氧化碳排放的影响相似。因此，从二氧化碳排放增加的角度来说，我国的这种城镇化和工业化模式是不可持续的。

第五章 城镇化区域差异、市场化进程对二氧化碳排放的影响研究——基于省际面板数据的分析

城镇化作为一种复杂的经济和社会现代化现象，它不仅是人口从乡村向城镇转移的过程，而且是一个国家或地区由传统社会向城市现代化发展的结构转变过程。自改革开放以来，伴随着工业化进程加速，我国城镇化经历了一个起点低、速度快的发展过程。1978—2013年，我国城镇常住人口从1.7亿人增加到7.3亿人，城镇化率从17.9%提升到53.7%，年均提高1.02个百分点；城市数量从193个增加到658个，建制镇数量从2 173个增加到20 113个，我国经历了城镇化加速发展的过程。但是由于不同地区的资源禀赋和地理位置不一样，在城镇化迁移的过程中，不同地区所处的城镇化阶段不一样，我国的城镇化区域差距巨大。1978年改革开放初期，东部、中部和西部城市的比重分别为35.8%、43.5%和20.7%。到1998年，东部、中部和西部地区的城市比率又变为44.9%、37%和18.1%。与改革开放前相比，东部城市比率增加9.1%，而中部地区城市比率降低6.6%，西部地区城市比率降低2.6%，中西部地区城镇化水平与东部拉开差距，且有进一步扩大的趋势。

一些学者研究了城镇化对二氧化碳排放的影响，这些结果表明城镇化

对二氧化碳排放有影响。同时，大多数已有的研究运用时间序列和省际面板数据分析时，将中国作为一个整体的研究对象而忽视了我国存在区域城镇化的差异。而一个客观存在的事实是我国存在巨大的区域差异，区域自然和社会的经济条件差异决定了不同区域的城镇化进程存在较大的差异，这些都对我国二氧化碳排放产生深远的影响。同时，由于历史原因，我国的经济发展经过了改革开放前的计划经济体制向改革开放的社会主义市场经济迁移的过程，在全国范围内劳动力等生产要素趋向于市场化。总体来说我国的市场化程度越来越高。而市场化变化如何影响城镇化对二氧化碳排放的影响，以及如何看待城镇化区域差异对二氧化碳排放的影响，这些问题值得讨论。因此本章运用分省的面板数据分析不同区域的城镇化对二氧化碳排放的影响，并分析市场化变迁在其中发挥的作用。

第一节　相关文献概述与研究思路

最初关于人口因素对于空气污染影响的研究主要采用截面的数据分析（Cramer，1998[1]，2002[2]；Daily and Ehrlich，1994[3]；Dietz and Rosa，1997[4]；Zaba and Clarke，1994[5]；Cramer and Cheney，2000[6]）。这些研究表明了二氧化碳排放与人口之间存在紧密的联系。随后一些研究基于不

---

[1]　CRAMER J C.Population growth and air quality in California [J]. Demography, 1998, 35 (1)：45-56.

[2]　CRAMER J C.Population growth and local air pollution：Methods, models, and results [J]. Population and Development Review，2002：22-52.

[3]　DAILY G C, EHRLICH A H, EHRLICH P R.Optimum human population size [J]. Population & Environment, 1994, 15 (6)：469-475.

[4]　DIETZ T, ROSA E A.Effects of population and affluence on CO_2 emissions [J]. Proceedings of the National Academy of Sciences, 1997, 94 (1)：175-179.

[5]　ZABA B, CLARKE J I (1994) Introduction：Current directions in population-environment research [M] // ZABA B, CLARKE J I (eds) .Environment and Population Change. Liège：Derouaux Ordina.

[6]　CRAMER J C, CHENEY R P.Lost in the ozone：Population growth and ozone in California [J]. Population and Environment, 2000, 21 (3)：315-338.

同国家的面板数据分析了人口与二氧化碳排放之间的关系，Shi（2003）[1]利用93个国家的面板数据，发现收入水平不一样的国家对二氧化碳排放的影响不一样，低收入国家的二氧化碳排放更多一些。Martínez-Zarzoso 等（2007）[2]利用欧盟国家的面板数据分析了人口对二氧化碳排放的影响。这一阶段的研究主要考虑总人口数对二氧化碳排放的影响。

随后，研究人口对二氧化碳排放的影响跳出了以总人口为对象的分析框架，越来越多的研究基于城镇人口变化、人口密度变化和年龄构成来研究。这些研究的结论各异，第一类的研究（Parikh and Shukla，1995[3]；York et al.，2003[4]）使用了单独年份的混合截面数据分析了城镇化影响二氧化碳排放的机制，如 Jones（1991）[5]利用了1980年59个发展中国家的城镇化数据，发现人口城镇化每增加10%会带来能源消费增加4.5%~4.8%。Parikh 和 Shukla（1995）利用了1965—1987年间不同国家的面板数据，采用固定效应模型分析了人口城镇化对二氧化碳排放的影响，他的研究结果表明，每10%的人口城镇化导致4.7%的能源消费增加，但是二氧化碳排放仅增加0.3%。York 等（2003）利用1991年137个国家的混合截面数据分析了二氧化碳排放和城镇化之间的关系，发现不同国家城

① SHI A.The impact of population pressure on global carbon dioxide emissions，1975–1996：Evidence from pooled cross-country data［J］．Ecological Economics，2003，44（1）：29–42.

② MARTÍNEZ-ZARZOSO I，BENGOCHEA-MORANCHO A，MORALES-LAGE R.The impact of population on CO_2 emissions：Evidence from European Countries［J］．Environmental and Resource Economics，2007，38（4）：497–512.

③ PARIKH J，SHUKLA V.Urbanization，energy use and greenhouse effects in economic development：Results from a cross-national study of developing countries［J］．Global Environmental Change，1995，5（2）：87–103.

④ YORK R，ROSA E A，DIETZ T.A rift in modernity? Assessing the anthropogenic sources of global climate change with the STIRPAT model［J］．International Journal of Sociology and Social Policy，2003，23（10）：31–51.

⑤ JONES D W.How urbanization affects energy-use in developing countries［J］．Energy Policy，1991，19（7）：621–630.

镇化和二氧化碳排放之间的关系不确定。

第二类研究主要运用面板数据（Cole and Neumayer, 2004[1]; Fan et al., 2006[2]; Dietz et al. York, 2007[3]; Liddle and Lung, 2010[4]）。Cole 和 Neumayer（2004）采用86个国家1975—1998年的面板数据，发现人口城镇化与二氧化碳排放之间存在正的相关关系，研究结果表明人口城镇化增加10%将导致二氧化碳排放增加7%。Fan 等（2006）和York（2007）采用发达国家的面板数据，发现二氧化碳排放和城镇化之间存在负的相关关系。Liddle 和 Lung（2010）则采用17个发达国家的面板数据，发现城镇化和二氧化碳排放之间的关系不确定。总而言之，城镇化和二氧化碳排放之间是否有关系不确定。

有些研究（Cole et al., 1997[5]; Panayotou et al., 2000[6]; Dinda, 2004[7]）关注了人口变化和环境污染之间是否存在一种倒U形的环境库茨涅兹曲线关系，但是目前有一些看法认为这些研究所使用的计量方法没有考虑遗漏变量带来的误差，结果是不可信的。Borghesi 和 Vercelli（2003）[8]的研究认为二氧化碳排放不存在倒U形的曲线。有少数的研究者

---

① COLE M A, NEUMAYER E. Examining the impact of demographic factors on air pollution [J]. Population and Environment, 2004, 26 (1): 5-21.

② FAN Y, LIU L C, et al. Changes in carbon intensity in China: Empirical findings from1980-2003 [J]. Ecological Economies, 2007, (62): 683-691.

③ DIETZ T, ROSA E A, YORK R. Driving the human ecological footprint [J]. Frontiers in Ecology and the Environment, 2007, 5 (1): 13-18.

④ LIDDLE B, LUNG S. Age-structure, urbanization, and climate change in developed countries: Revisiting STIRPAT for disaggregated population and consumption-related environmental impacts [J]. Population and Environment, 2010, 31 (5): 317-343.

⑤ COLE M A, RAYNER A J, BATES J M. The environmental Kuznets curve: An empirical analysis [J]. Environment and development economics, 1997, 2 (4): 401-416.

⑥ PANAYOTOU T, et al. Globalization and environment [R]. Cambridge: Center for International Development at Harvard University, 2000.

⑦ DINDA S. Environmental Kuznets curve hypothesis: A survey [J]. Ecological Economics, 2004, 49 (4): 431-455.

⑧ BORGHESI S, VERCELLI A. Sustainable globalisation [J]. Ecological Economics, 2003, 44 (1): 77-89.

则认为城镇化和环境污染之间存在一个倒U形的关系（Ehrhardt-Martínez et al.，2002[①]；York et al.，2003[②]）。

从现有的研究中可以发现，城镇化与二氧化碳之间不存在唯一确定的关系，城镇化与二氧化碳排放的关系是正反两个方向的力量共同作用的结果。城镇化对二氧化碳排放的影响取决于区域差异和经济发展特征。鉴于此，本书为了分析我国城镇化对二氧化碳排放的影响，选取分省的面板数据，首先对整体的样本进行分析，确定我国城镇化对二氧化碳排放的影响如何；然后考虑到不同区域的差异分别进行实证研究，通过对区域小样本进行实证分析来判断不同区域的城镇化对二氧化碳排放的影响；考虑到我国处于市场化转型的过程中，利用市场化代表经济发展的阶段，进而分析不同市场化的经济发展区域城镇化对二氧化碳排放的影响。同时在以上的研究中，分别验证城镇化和二氧化碳排放之间是否存在一个倒U形关系。

第二节　研究框架与数据描述

一、研究框架

在研究人类行为对环境造成的影响过程中，IPAT模型占有重要的位置。1971年，Ehrlich和Holdren在讨论人类活动对环境影响的分析中首次提出了IPAT方程：I=PAT。这个公式表明，影响环境的三个直接因素是人口、经济发展和技术以及三者相互间的作用，并可以根据IPAT方程来

---

① EHRHARDT-MARTÍNEZ K，CRENSHAW E M，JENKINS J C.Deforestation and the environmental Kuznets curve：A cross-national investigation of intervening mechanisms ［J］. Social Science Quarterly，2002，83（1）：226-243.

② YORK R，ROSA E A，DIETZ T.A rift in modernity? Assessing the anthropogenic sources of global climate change with the STIRPAT model ［J］. International Journal of Sociology and Social Policy，2003，23（10）：31-51.

分析测算人口变化、富裕程度和技术条件变化对环境的影响。但传统的IPAT方程是一个会计恒等式，方程中各因素的系数为固定的单位弹性，因此在实证研究中的应用受到限制。随后在1994年，Dietz和Rosa放弃IPAT方程的单位弹性，改为随机形式的IPAT模型：$I = \alpha P^\beta A^\gamma T^\delta$，其中$I$表示人类活动对环境的影响，$P$表示人口规模，$A$表示人均产出，$T$表示技术效率，并命名为可拓展的随机性的环境影响评估模型（STIRPAT，Stochastic Impacts by Regression on Population，Affluence，and Technology）。当使用面板数据进行实证研究时，可将方程对数化，STIRPAT模型的基本分析框架为：

$$\ln I_{it} = a + b \ln P_{it} + c \ln A_{it} + d \ln T_{it} + \mu_{it} \tag{5.1}$$

其中，下标 i 和 t 分别表示个体和时间；方程左边的 I 表示环境影响，方程右边的自变量 P 表示为人口因素，包括人口总量和人均量的影响，A 表示富裕度的影响，T 表示技术水平的影响。b、c、d 分别为三个自变量的可变系数，a 和 μ 是常数项和随机误差项。由于式（5.1）均为对数形式，所以系数估计值可直接被视为其弹性。

参考STIRPAT模型的框架，结合本书研究的目的是分析区域城镇化和市场化进程对二氧化碳排放的影响，可以以人均二氧化碳排放作为环境压力的代理变量，以人口城镇化水平作为人口因素的代理变量，以人均国内生产总值作为经济产出的代理变量，以第二产业的增加值占产出的比率即工业化率作为技术水平的代理变量，由此得到实证模型（5.2）：

$$\ln CO_{it} = \alpha + \beta_1 \ln GDP_{it} + \beta_2 \ln URB_{it} + \beta_3 \ln IND_{it} + \mu_{it} \tag{5.2}$$

其中，CO 为人均二氧化碳排放量；GDP 为人均国内生产总值；URB 为人口城镇化率；IND 为工业化率，以第二产业增加值占 GDP 比重表示。

考虑到市场化进程对二氧化碳排放的影响，在自变量中引入市场化指数 MARKET，且本书考察城镇化对二氧化碳排放的影响是否与各地的市场化进程相关，因此，在本书的计量模型中引入一个重要的变量，即市场化与城镇化的交乘项。另外，区域经济的开放度对城镇化的发展也有影响，因此研究中引入开放度OPEN选项，开放度用进出口额占GDP比重来衡量。由于城镇化和经济发展水平均处于不断变化的过程中，根据已有的文献可知，城镇化发展阶段以及经济发展水平均有可能影响二氧化碳的排放，二氧化碳与城镇化水平及经济发展水平之间的弹性可能并非保持固定不变，即城镇化和经济发展与二氧化碳排放有可能存在非线性的关系。因此，可以在模型（5.2）的基础上，在方程的右边引入城镇化和人均GDP的平方项，以检验城镇化水平和经济发展水平与二氧化碳排放之间是否存在一个倒U形的关系，由此可以得到考虑城镇化和经济发展水平对二氧化碳的非线性影响的模型（5.3）。

$$
\begin{aligned}
\ln CO_{it} = &\ \alpha + \beta_1 \ln GDP_{it} + \beta_2 \ln (GDP_{it})^2 + \beta_3 \ln URB_{it} + \beta_4 \ln (URB_{it})^2 + \\
&\ \beta_5 \ln IND_{it} + \beta_6 \ln MARKET_{it} + \beta_7 \ln MARKET_{it} * \ln URB_{it} + \\
&\ \beta_8 \ln OPEN_{it} + \mu_{it}
\end{aligned} \tag{5.3}
$$

式（5.3）中，i 代表省、区、市，t 代表年份，α 和 β 为待估计参数，μ 为随机干扰项。

二、数据来源

实证研究的样本选取了1998—2010年我国30个省、自治区、直辖市的面板数据，西藏自治区由于数据缺失严重，因此没有考虑西藏的样本。其中，二氧化碳排放的核算采用终端能源消费法。终端能源消费法是基于历年能源平衡表终端能源消费量数据来估算二氧化碳排放数据的，而忽略掉在加工转换和运输过程中消耗掉的能源的二氧化碳排放，以免重复计算。在核算时主要统计的能源消费种类有9种：原煤、原油、汽油、焦炭、煤油、柴油、燃料油、天然气和电力。各种能源折算成标煤系数参考的各类能源的标准量系数与碳排放系数均来自《2009中国可持续发展战略报告：探索中国特色的低碳道路》。根据《中国能源统计年鉴》口径，将最终能源消费种类划分为9类，包括原煤、焦炭、原油、汽油、煤油、柴油、燃料油、天然气和电力。9类能源的转换系数及碳排放系数见表5-2，转换系数的计量单位天然气为t标煤/万 m^3、电力为t标煤/万 Kwh，其余能源的单位为 kg标煤/kg，而碳排放系数的单位为 t碳/t标准煤：能源消费标煤转换排放系数和碳排放系数整理成表5-1。

表5-1　　　　　　　　各类能源的转换系数及碳排放系数

	原煤	焦炭	原油	汽油	煤油	柴油	燃料油	天然气	电力
标准量转换系数	0.7143	0.9714	1.4286	1.4714	1.4714	1.4571	1.4286	13.3	1.229
碳排放系数	0.7476	0.1128	0.5854	0.5532	0.3416	0.5913	0.6176	0.4479	2.2132

国内生产总值、城镇化率、工业化率和经济开放度数据主要来源于历年《中国统计年鉴》、《中国能源统计年鉴》、《新中国六十年统计资料汇编》和历年各省、自治区、直辖市的统计年鉴。为了分析市场化对二氧化碳排放的影响，本书参考樊纲、王小鲁和朱恒鹏编著的《中国市场化指数——各地区市场化相对进程2011年度报告》中测算的各地区市场化指数。考虑到区域差异，研究将中国分为东部、中部、西部三个区域，东部包括北京、天津、河北、辽宁、上海、江苏、浙江、福建、山东、广东、海南；中部包括山西、吉林、黑龙江、安徽、江西、河南、湖南、湖北；西部包括广西、内蒙古、四川、重庆、云南、贵州、陕西、甘肃、宁夏、青海、新疆。

三、变量描述性统计

我们使用1998—2010年分省的平衡面板数据对模型（5.3）进行估计，整体样本中的各变量描述性统计如表5-2所示。

表5-2　　　　　　　　　　　　　变量的描述性统计

变量	单位	均值	标准误	最小值	最大值
CO	吨/人	2.314868	1.579095	0.347597	9.93283
GDP	元/人	16 432.495	13 349.63	2 346.61	74 548.45
URB	—	0.4327158	0.1402393	0.175608	0.89
IND	—	0.4508838	0.0782669	0.197355	0.6013286
OPEN	—	0.3113066	0.3697454	0.0404994	1.708537
MARKET	—	5.972436	2.092816	1.49	12.04

第三节　实证分析结果

一、实证分析框架

本书对自变量和因变量均做了对数处理，因此系数的估计结果可视为弹性。由于面板数据同时具有截面和时序的特征，选择不同的模型估计方法将在很大程度上影响系数估计的有效性。面板数据的估计可分为不变截距的模型和变截距的模型，不变截距的模型即是将面板数据视为一个无个体差别的样本，采用混合回归即可，而这种情况较少。

在估计面板数据之前首先应该确定采用混合回归还是考虑个体效应，根据 Breusch 和 Pagan（1979）[①]的估计量可以确定是使用混合回归还是考虑个体效应。面板数据的估计通常采用变截距的模型，该模型允许截面数据存在个体的影响，并用截距项差别来说明。考虑个体效应的话，个体影响可进一步分为固定影响和随机影响两种情形。根据个体影响的不同，变截距模型又可以分为固定影响变截距模型和随机影响变截距模型。因此，在利用面板数据建模时所面临的首要问题是如何在固定影响模型和随机影

---

① BREUSCH T S, PAGAN A R. A simple test for heteroscedasticity and random coefficient variation [J]. Econometrica, 1979: 1287-1294.

响模型中进行选择。究竟应该将模型中的个体影响设定为固定影响还是随机影响，Hausman（1978）[①]等学者认为应该总是将个体影响处理为随机的，即随机影响模型总是优于固定影响模型。在建立随机影响的模型后，再进一步检验模型是否满足个体影响与解释变量不相关的假设，如果满足原假设的话就将模型确定为随机影响的形式，反之则将模型确定为固定影响的形式。

使用最小二乘法估计面板数据时要求样本数据具有良好的统计性质，否则将无法得到有效无偏估计量。因此，如果根据 Hausman 检验显示模型适合固定效应分析，在估计模型之前，我们应该先检验变量之间是否存在组间异方差和自相关。检验组间异方差主要使用 Wald 约束检验，对于自相关检验，目前主要用 Wooldridge 一阶自相关检验。如果检验结果接受了不存在组间异方差和不存在一阶自相关的原假设，则直接使用固定效应估计模型。而当 Wald 约束检验和 Wooldridge 一阶自相关检验显示存在异方差和序列相关时，可考虑采用一种协方差结构将 White-Newey 估计扩展到面板数据的情形，其优点是即可以保证固定效应的估计，又能在一定程度上纠正异方差和自相关。

如果根据 Hausman 检验显示模型时随机效应的估计，由于随机响应在设定的过程中将固定效应中的个体效应和随机误差项合为一个整体，因此考虑了异方差问题，而在随机效应模型估计过程中，主要考虑序列相关的问题。可以在估计随机效应时，采用含有一阶自相关效应的 GLS 估计。

二、整体样本分析结果

根据以上步骤，利用 STATA10.0 软件及相关的外部命令，分析整体样本的数据，估计模型（5.3）得到整体样本分析的结果见表 5-3。

---

① HAUSMAN J A. Specification tests in econometrics［J］. Econometrica, 1978: 1251-1271.

表5-3　　　　　　　　　　　整体样本估计结果

变量	OLS	FE	RE
LNGDP	0.310 (0.340)	0.685* (1.73)	0.689* (1.72)
LNGDP2	0.032 (0.68)	−0.004 (−0.18)	−0.004 (−0.19)
LNURB	−0.620 (−1.12)	0.624** (2.31)	0.491* (1.81)
LNURB2	−0.194 (−1.06)	0.032 (0.35)	−0.005 (−0.06)
LNIND	1.089*** (9.28)	0.563*** (4.84)	0.620*** (5.45)
LNOPEN	−0.076** (−2.45)	0.111*** (3.40)	0.083*** (2.69)
LNMARKET	−0.866*** (−3.37)	−0.398*** (−3.04)	−0.379*** (−2.89)
INMARKET* LNURB	0.194 (0.74)	−0.339*** (−2.78)	−0.298** (−2.41)
常数项	−3.030 (−0.68)	−4.137** (−2.11)	−4.214** (−2.12)
R^2	0.6632	0.8970	0.8966
B-P检验	1 358.15 (0.0000)		
Wald 组间异方差检验		1 886.98 (0.0000)	
Wooldridge一阶自相关检验		50.840 (0.0000)	
Hausman检验		22.92 (0.0035)	
N	390	390	390

注：括号内为 t 值；*p<0.1，**p<0.05，***p<0.01；R^2 在混合回归中是调整后的 R^2，在固定效应情况下为within-R^2；N 为样本量；Hausman 检验主要用来检验模型究竟更适合于固定效应还是随机效应，若拒绝零假设说明应该使用固定效应估计。

根据 Breusch 和 Pagan（1979）（B-P 检验）的估计量，在 5% 水平下显著，说明随机效应分析优于混合回归。根据 Hausman 检验结果，在 5% 水平下显著，因此选用固定效应模型。从表 5-3 整体样本的估计结果来看，根据固定效应模型估计结果，模型中的 LNURB 的系数估计值为 0.624，且在 5% 的显著水平上显著。这说明，就整体而言，城镇化对二氧化碳的排放有明显的正向作用，且弹性为 0.624，即每单位的人口城镇化率变化会导致 0.624 单位的人均二氧化碳排放增加。考察城镇化和二氧化碳排放之间是否存在倒 U 形的关系，LNURB2 的系数很小，且在 10% 的显著水平上不显著，说明在考察的时间序列内，城镇化和二氧化碳之间不存在倒 U 形的关系。

本书重点考虑市场化对二氧化碳排放的影响，根据固定效应回归结果，市场化对二氧化碳排放的影响是一个负向作用，弹性为 -0.398，说明过去一段时间内中国市场化进程会降低人均二氧化碳的排放。考察市场化和城镇化的交乘项与二氧化碳的关系，市场化和城镇化的交乘项系数为负，且在 1% 的水平下显著，说明市场化的进步会拉低城镇化导致的二氧化碳排放水平。分析经济增长和二氧化碳排放之间的关系，经济增长会促进二氧化碳的排放，但是经济增长和二氧化碳排放之间没有明显的倒 U 形关系。同时根据总体样本的分析结果，我们可以发现工业化和经济开放度对碳排放均有正向作用。

根据城镇化影响二氧化碳排放的机制，我们可以尝试解释我国城镇化、市场化和其他变量对二氧化碳排放的影响。从正向作用来看，城镇化和经济增长、工业化、经济开放一起导致二氧化碳排放增加，我国城镇化作为经济社会综合发展的结果，城镇化的过程与工业发展、经济趋于开放和经济增长一致。在过去的一段时间，我国的工业化快速发展，特别是重工业快速发展，导致二氧化碳排放增加；经济增长以资源环境为代价；同时我国启动改革开放，积极融入全球化，承接全球产业，但是由于处于产业链的低端，所以环境污染比较严重。从负向作用来看，市场化在城镇化对二氧化碳排放的影响中起着重要的作用，我国在城镇化发展过程中市场化程度的提高有利于降低我国二氧化碳的排放，市场化程度高的地区通常拥有较为完善的公共设施，较好的政府执行力和比较成熟的要素和产品市场，这有利于鼓励技术的创新，同时高投入、高排放、高污染的企业被市场淘汰较为容易，这样使得二氧化碳的排放持续降低。

三、区域和市场化分组的样本分析结果

由于整体样本中所包含的区域经济社会及发展阶段不同，本书作者在研究中将我国分为东部地区、中部地区和西部地区三个样本组，分别对三个样本进行实证分析，得到的分区域子样本估计结果见表5-4。另外，为了考察不同市场化阶段的区域城镇化对二氧化碳排放的影响，按照市场化水平高、中、低各取十个地区分组，得到不同市场化水平子样本估计结果见表5-5。

表5-4　　　　　　　　　　分区域子样本估计结果

变量	东部地区	中部地区	西部地区
模型选择	FE	FE	FE
LNGDP	6.754***	1.799***	−0.485
LNGDP2	−0.297***	−0.075**	0.059
LNURB	1.626	0.713	0.623*
LNURB2	0.568**	−0.109	−0.069
LNIND	0.453*	0.025	0.316
LNOPEN	0.090	−0.040	0.015
LNMARKET	−0.662**	−0.069	−0.405**
LNMARKET* LNURB	−0.465	−0.420**	−0.565***

続表

变量	东部地区	中部地区	西部地区
常数项	-35.007^{***}	-9.450^{***}	0.908
R^2	0.9076	0.9545	0.9348
Wald 组间异方差检验	862.06 (0.0000)	97.48 (0.0000)	499.39 (0.0000)
Wooldridge 一阶自相关检验	12.962 (0.0057)	18.750 (0.0025)	21.982 (0.0009)
Hausman 检验	37.26 (0.0000)	102.32 (0.0000)	25.52 (0.0013)
N	129	117	143

注：括号内为 t 值；*p<0.1，**p<0.05，***p<0.01；R^2 在混合回归中是调整后的 R^2，在固定效应情况下为 within-R^2；N 为样本量；Hausman 检验主要用来检验模型究竟更适合于固定效应还是随机效应，若拒绝零假设说明应该使用固定效应估计。

表5-5　　　　　　　　　不同市场化程度样本估计结果

变量	市场化程度高	市场化程度中等	市场化程度低
模型选择	FE	FE	FE
LNGDP	1.651	0.012	0.080
LNGDP2	0.047	0.021	0.024
LNLURB	0.362	2.168^{***}	-0.656
LNURB2	-0.324	0.442^{**}	-0.488^{**}
LNIND	0.282	0.386^{*}	0.492^{**}
LNOPEN	0.198^{***}	-0.047	0.068
LNMARKET	-0.716^{**}	-0.154	-0.039

变量	市场化程度高	市场化程度中等	市场化程度低
LNMARKET*LNURB	−0.356	−0.526*	−0.102
常数项	−9.293	−0.103	−1.710
R^2	0.8575	0.9536	0.9038
Wald 组间异方差检验	432.57 (0.0000)	166.48 (0.0000)	885.76 (0.0000)
Wooldridge一阶自相关检验	15.092 (0.0037)	13.767 (0.0048)	34.144 (0.0002)
Hausman 检验	25.87 (0.0011)	23.68 (0.0013)	98.78 (0.0000)
N	129	117	143

注：括号内为 t 值；*p<0.1，**p<0.05，***p<0.01；R^2在混合回归中是调整后的 R^2，在固定效应情况下为within-R^2；N 为样本量；Hausman 检验主要用来检验模型究竟更适合于固定效应还是随机效应，若拒绝零假设说明应该使用固定效应估计。

根据 B-P 检验和 Hausman 检验的结果，不同区域子样本估计方法均采用固定效应模型。表5-4各区域子样本的估计结果显示了与表5-3整体样本不同的估计结果。从表5-4可以看出，东部地区和中部地区的LNURB值在5%的水平下不显著，表明东部地区和中部地区的城镇化对二氧化碳排放并没有显著的影响。而西部地区的LNURB值在10%的水平下显著，这表明西部地区的城镇化对二氧化碳排放有显著影响，且城镇化对二氧化碳排放呈现正向作用，但根据LNURB2的结果，西部地区的城镇化与二氧化碳排放之间不存在倒U形曲线关系。

分析市场化和二氧化碳排放之间的关系，东部地区和西部地区市场化与二氧化碳排放之间存在负向关系。而中部地区和西部地区的市场化和城镇化的交乘项系数在10%的水平下显著。这说明，中部地区和西部地区的市场化作用在城镇化对二氧化碳排放的影响中发挥着作用，且为负向作用，即中部地区和西部地区的市场化推进会降低城镇化过程中对二氧化碳排放的影响。分析其他的解释变量，东部地区和中部地区的经济发展和二氧化碳排放之间存在正向作用，同时根据LNGDP2的估计结果，东部地区和中部地区的经济发展水平和二氧化碳排放之间存在倒U形的关系。

与表5-4相同，表5-5的估计结果同样显示，市场化程度不同的地区之间，城镇化与二氧化碳排放的关系发生了变化。将整体样本划分为3个不同市场化程度的小样本后，根据B-P检验和Hausman检验的结果，采用固定效应模型估计。分析市场化程度高的10个地区组成的小样本估计结果，表明市场化程度高的地区城镇化与二氧化碳排放之间不存在明显的关系；中等程度市场化地区城镇化对二氧化碳排放存在正向作用；市场化程度较低地区的城镇化对二氧化碳排放存在负向作用。这进一步表明了城镇化与二氧化碳排放之间存在复杂的关系，也表明在市场化程度不同组的内部，城镇化对地区二氧化碳排放的差异具有相对不同的贡献。

根据不同市场化分组的估计结果分析其他变量对二氧化碳排放的影响，我们发现市场化影响二氧化碳排放的特点：只有在市场化程度较高的地区，市场化才对二氧化碳排放发挥明显的负向作用。而市场化相对较低的地区，市场化对二氧化碳排放的影响不明显。从结果中我们得到的启示是市场化发展到一定程度，才能产生一个低碳的经济环境，我们推测可能的原因是市场化发育的初期带来的是经济快速增长的同时导致环境压力增大，但市场化发展到一定程度，面对外部竞争，绿色低碳发展成为经济的内生动力。因此，发展低碳经济的重要条件是充分发挥市场经济的作用，形成绿色发展的内生动力，但是，由于样本选择的局限性，这一结果需要进一步研究。

第四节　实证结果讨论

一、市场化在城镇化影响二氧化碳排放过程中的作用

城市的兴起和发展是市场的自然演进结果。从城市的发展历史看，城镇最初的功能是提供物品交易的场所，因此，最初的城镇多形成于交通便利、自然环境较好的地方。随着商品经济的发展，物品交换的种类和数量增多，城镇的规模不断扩大。城镇规模扩大的同时，分工进一步深化，产生规模效应，城市进化的内在动力形成。因此，城市的发展是市场力作用的结果。自改革开放以来，随着经济从计划经济向社会主义市场经济转轨，我国城镇化发展迅速，城市的数量和质量均有大的提高。我国城镇化快速发展与政府管制放松，市场化程度不断深化密切相关。

随着市场化不断推进，城镇化发展效率提高，带来的直接结果是二氧化碳排放减少。第一，市场化有利于优化资源的配置，加快淘汰高排放、高污染的企业。随着资源价格市场化和环境管制的加强，价格信号传导到经济末端，一些高消耗、高排放的企业和行业的运行成本升高，竞争能力减弱，面临着被市场淘汰的危险。为了应对这样的局面，一方面，企业减产或搬离到生产成本更低的地区；另一方面，企业实行节能减排，优化生产技术和工艺，提高资源利用效率并减少消耗，这些均会导致二氧化碳排放的降低。第二，市场化有利于创新，市场化程度的提高导致效率的提高，同时也营造了一个有利于创新的环境，只有更适应市场的变化才能更快地升级转型，在环境管制不断加强的背景下，环境的压力传导到企业的决策中去，企业更有动力从自身利益出发开发新的技术或加强管理实现绿色低碳发展。因此，在过去的一段时间，市场化进程的提高有助于降低城镇化发展对二氧化碳排放的影响。

二、进一步讨论的内容

在本章研究中，仅仅通过分省的面板数据分析了城镇化与二氧化碳排放之间的关系，但并不涉及影响机理中的任何内容，在第三章中我们针对城镇化从规模、结构和效率三个方面分析了城镇化对二氧化碳排放的影响，并采用对数平均迪氏分解法定量分析了这三个方面作用的大小。但城镇化不仅影响经济发展，同时改变了人们的生活习惯。城镇化带来的结果是农村生产和生活方式向城市生活方式的转变。这种变化通过改变人类的生产方式和生活方式对二氧化碳排放有正向作用，同时由于人口密度增加降低了交通和居住的能源消费而对二氧化碳排放具有负向作用。这些正向和负向作用决定了不同区域的城镇化发展对二氧化碳排放的影响方向和大小不一样（如图5-1所示）。

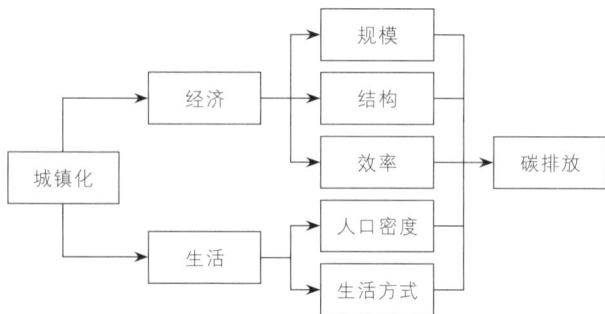

图5-1　城镇化与二氧化碳排放关系图

第五节　小　结

本章基于分省的面板数据实证研究了城镇化与二氧化碳排放的关系，并比较了不同区域和不同市场化程度的区域之间城镇化对二氧化碳排放的影响及其差异，结论如下。

第一，整体而言，城镇化对二氧化碳排放具有正向作用，但城镇化与二氧化碳排放之间不存在倒U形关系。市场化对二氧化碳排放的影响是一个负向作用，考察市场化和城镇化的交乘项与二氧化碳的关系，市场化和城镇化的交乘项系数为负，说明市场化的进步会拉低城镇化导致的二氧化碳排放水平。

第二，不同区域的城镇化对二氧化碳排放具有不同的影响，东部地区和中部地区的城镇化对二氧化碳排放并没有显著的影响，西部地区的城镇化对二氧化碳排放有显著影响。考察市场化和城镇化的交乘项系数，中部地区和西部地区的市场化作用在城镇化对碳排放的影响中发挥着作用，且为负向作用，即中部地区和西部地区的市场化推进会降低城镇化过程中对二氧化碳排放的影响。

第三，不同市场化程度的城镇化对二氧化碳排放具有不同的影响，市场化程度高的地区城镇化与二氧化碳排放之间不存在明显的关系；中等程度市场化的地区城镇化对二氧化碳排放存在正向作用；市场化程度较低的地区城镇化对二氧化碳排放存在负向作用。只有在市场化程度较高的地区，市场化才对二氧化碳排放发挥明显的负向作用。而市场化相对较低的地区，市场化对二氧化碳排放的影响不明显。

第六章　城市经济部门二氧化碳排放分析

　　随着农村人口进入城镇，人口就业从第一产业向第二产业和第三产业迁移，城市规模扩大，城市内部的产业部门格局也在不断变化。在城镇化不同发展阶段，不同产业部门所占的比重不同，与此相对应的是不同城镇化阶段对二氧化碳排放的影响也有差别：第一阶段，城镇化和工业化快速发展，二氧化碳排放主要由城市里面的工业部门快速扩张驱动；第二阶段，工业化到一定程度，工业部门发展对二氧化碳排放的驱动力减弱，此时，由于城镇化加速，收入增加，城市发展过程中的交通、建筑和其他消费需求驱动二氧化碳排放快速增加；第三阶段，工业转型和城镇化进一步发展，共同驱动二氧化碳排放，但二氧化碳排放速度降低。为了分析我国城镇化如何影响二氧化碳排放，需要结合城市内部不同部门二氧化碳排放的变化来总结城镇化影响二氧化碳排放的规律，这也是本章的研究主旨。

　　本章对于二氧化碳排放的估算主要依据《中国能源统计年鉴》中的综合能源消费平衡表的数据。根据综合能源平衡表的不同行业终端能源消费量，一共分为七个部门统计：第一是农、林、牧、渔业；第二是工业；第三是建筑业；第四是交通运输、仓储和邮政业；第五是批发、零售业和住宿、餐饮业；第六是其他行业；第七是生活消费。在本书中，考虑到数据的可得性，研究选取与城镇化内容相关的工业，建筑业，交通运输、仓储和邮政业，批发、零售业和住宿、餐饮业等部门来分析二氧化碳排放变动趋势。这四个部门对于城市发展的经济社会功能有较为全面的代表性，因此对这些部门进行研究具有一定的科学性。研究主要选用了1990—2010年的《中国能源统计年鉴》综合能源平衡表数据中这些部门的能源消费量。

第一节　城市经济部门的二氧化碳排放变化趋势分析

见表6-1，1990年我国工业部门二氧化碳排放162 187.2万吨，2010年增加到了554 644.4万吨，年增长率为11.5%。工业部门二氧化碳排放增长具有阶段性：从1990—1998年工业部门二氧化碳排放持续增加，随后在1999—2002年期间继续增长，接着从2002年开始，工业部门二氧化碳排放快速增长。同时从表6-1可知，工业部门二氧化碳排放比例占这四个部门二氧化碳排放比例从1990年的90.6%到2010年的85.5%，由此可见工业部门二氧化碳排放是我国二氧化碳排放增加的主要原因，城镇化的快速发展与工业化相互推进。

表6-1　　　　　　　　1990—2010年四个部门二氧化碳排放　　　　　　　单位：万吨

年份	工业	建筑业	交通运输、仓储和邮政业	批发、零售业和住宿、餐饮业
1990	162 187.2	2 911.2	10 898.4	2 992.8
1991	171 391.2	3 067.2	11 414.4	3 045.6
1992	183 069.6	3 340.8	12 139.2	3 417.6
1993	194 935.2	3 160.8	13 408.8	4 584
1994	210 852	3 237.6	13 500	4 432.8
1995	230 858.4	3 204	14 071.2	4 843.2
1996	240 772.8	3 477.6	14 385.6	5 443.2

年份	工业	建筑业	交通运输、仓储和邮政业	批发、零售业和住宿、餐饮业
1997	239 294.4	2 829.6	18 103.2	5 745.6
1998	226 581.6	3 868.8	19 788	6 124.8
1999	217 912.8	3 314.4	22 183.2	6 748.8
2000	229 062.7	5 142.069	24 160.98	7 293.057
2001	235 855.9	5 361.677	24 870.58	7 835.98
2002	249 811.4	6 104.786	26 811.07	8 448.818
2003	292 249.3	6 862.974	30 765.11	10 030.92
2004	343 785.6	7 820.657	36 250.34	11 568.76
2005	404 936.5	8 167.933	44 138.38	11 634.6
2006	443 869.1	9 025.821	48 682.05	12 753.71
2007	481 275.3	9 906.058	52 701.92	13 654.51
2008	502 325.1	9 150.072	55 001.49	13 760.59
2009	526 073.1	10 948.85	56 860.5	15 389.44
2010	554 644.4	14 943.12	62 564.33	16 384.37

1990 年我国建筑业二氧化碳排放为 2 911.2 万吨，到 2010 年为 14 943.12 万吨，年均增长 4.13%。分析建筑业二氧化碳排放的增长趋势，从 1999 年开始我国建筑业二氧化碳排放快速增长，分析其原因，我国在 1999 年前启动住房制度改革，建筑业快速增长。分析建筑业二氧化碳排放在这四个部门中占的比重为 1990 年占比 1.6% 到 2010 年占比 2.3%，建筑业二氧化碳排放占比增加。

1990 年我国交通运输、仓储和邮政业二氧化碳排放为 10 898.4 万吨，到 2010 年增长为 62 564.33 万吨，年均增长 4.74%，增长速度快于建筑业。

交通运输、仓储和邮政业二氧化碳排放占四个部门的比重也由6.1%上升为9.7%。与工业和建筑业二氧化碳排放具有阶段性特征不同，交通运输、仓储和邮政业二氧化碳排放呈现持续快速增长的趋势。

批发、零售业和住宿、餐饮业部门的二氧化碳排放从1990年的2 992.8万吨增加到2010年的16 384.37万吨，年均增长4.47%，快于建筑业的增长速度，但是比工业及交通运输、仓储和邮政业部门的二氧化碳排放速度慢。批发、零售业和住宿、餐饮业部门二氧化碳排放在这四个部门中的占比也从1990年的1.68%上升至2010年的2.53%，批发、零售业和住宿、餐饮业部门二氧化碳碳排放占比呈现扩张趋势。但同时我们也发现批发、零售业和住宿、餐饮业部门二氧化碳的排放并不具有阶段性，而是持续增加。

在分析完这四个部门的二氧化碳排放量变化趋势后，我们可以知道：从1990年起，这四个部门的二氧化碳排放都在持续快速增加，这与我国工业化和城镇化快速推进，经济持续快速增长相关。具体分析四个部门的特征：工业部门二氧化碳排放占比最大，但是占比持续下降，由于工业部门二氧化碳排放量最高，所以未来减排的空间也很大；建筑业二氧化碳排放占比在缓慢增加，但是占比最小；其余两个部门无一例外占比都在增加，按照其所占比重，交通运输、仓储和邮政业比重仅次于工业部门比重，到2010年年底接近10%。批发、零售业和住宿、餐饮业部门二氧化碳排放占四个部门二氧化碳排放比重在缓慢增加。

与发达国家相比，我国工业部门二氧化碳排放比重要大得多，这与我国所处的工业化和城镇化阶段有关。我国正处于工业化和城镇化的中期，工业部门快速扩张，而城市规模和数量不断增加，我国的经济发展主要由城镇化和工业化推动。而第三产业对城镇化的推动作用还比较小，发达国家工业化与城镇化已经完成，与之相比，我国的第三产业比重相对还是太小。短期内，我国的工业化和城镇化还将继续发展，可以预见工业部门二氧化碳排放比重大的局面不会改变，工业部门节能减排的潜力非常大。但是随着我国工业化和城镇化进一步发展，经济发展方式转型，第三产业在经济中的重要性日益凸显，第三产业对于城镇化的推动作用不断增大，未来以交通物流和餐饮住宿为代表的服务业将成为节能减排和经济发展的重点。

第二节　城市经济部门对二氧化碳排放影响的实证研究

为了进一步量化分析这四个部门对二氧化碳排放的综合影响，研究选用1990—2010年的二氧化碳排放时间序列数据，对工业部门，建筑业部门，交通运输、仓储和邮政业部门，批发、零售业和住宿、餐饮业部门的二氧化碳排放影响进行实证研究。选用CO代表总的二氧化碳排放量，工业部门二氧化碳排放量用IND表示，建筑业部门二氧化碳排放用CONS表示，交通运输、仓储和邮政业部门二氧化碳排放量用TRAN表示，批发、零售业和住宿、餐饮业部门二氧化碳排放量用SERV表示。

一、城市经济部门二氧化碳排放的协整分析

根据式（4.2），由于用非平稳经济变量建立模型会带来虚假回归问题，所以在分析时间序列前，需要检验时间序列的平稳性。考虑到检验的有效性，本书采用迪克—富勒（Dickey-Fuller，1979）提出的ADF检验。首先将五个变量CO、IND、CONS、TRANS、SERV对数化后进行ADF检验，结果表明，这五个变量均为2阶平稳，因此可以检验这五个变量之间的协整关系。由于是多变量，因此采用Johansen协整检验。根据检验结果，五个变量之间的长期关系为：

$$LNCO=0.4507+0.02304 \times LNCONS+0.8871 \times LNIND+0.0274 \times LNSERV+$$
$$(0.00098) \qquad (0.00050) \qquad (0.00049)$$
$$0.0647 \times LNTRAN$$
$$(0.00119)$$

根据协整方程得出，建筑业部门二氧化碳排放每增加一个百分点，城镇化二氧化碳排放总量增加0.02304；工业部门二氧化碳排放每增加一个百分点，城镇化二氧化碳排放总量增加0.8871；批发、零售业和住宿、餐饮业部门二氧化碳排放每增加一个百分点，城镇化二氧化碳排放总量增加0.0274；交通运输、仓储和邮政业部门二氧化碳排放每增加一个百分点，城镇化二氧化碳排放总量则增加0.0647。从估计系数的大小来看，工业部门贡献量最大，交通运输、仓储和邮政业部门第二，批发、零售业和住宿、餐饮业部门第三，而建筑业部门的贡献量最小。

二、城市经济部门二氧化碳排放比重的动态分析

为了进一步分析四个部门二氧化碳排放的动态变化，研究根据表4-6的脉冲响应分析方法，以我国城市四个部门的二氧化碳排放为冲击变量，我国城市总的二氧化碳排放为反应变量。根据冲击结果预测未来10期我国城市四个部门所占的二氧化碳排放的比重动态变化。

从表6-2中可以看到，选取工业部门、建筑业部门、交通运输、仓储和邮政业部门、批发零售业和住宿餐饮业部门的10期冲击后，四个部门对城镇总的二氧化碳排放影响不一样：工业部门在前3期施加一个正的效应，即工业部门二氧化碳排放占整个二氧化碳排放量的比重持续增加，但是从第4期开始，工业部门碳排放比重开始下降；建筑业则持续施加正向的作用，即在整个二氧化碳排放量占比中持续上升；交通运输仓储和邮政业部门大部分时间为正的效应，除了第2期为负向效应，总体来说施加的效应较小；批发零售业和住宿餐饮业部门则持续为正向的作用。通过以上分析可知，在未来一段时期内，工业部门二氧化碳排放量占城市二氧化碳排放比重先增加然后有向下的趋势；而建筑业部门、交通运输仓储和邮政业部门以及批发零售业和住宿餐饮业部门的二氧化碳排放比重持续上升。

表6-2   四个部门二氧化碳排放的动态效应分析

期数	工业	建筑业	交通运输、 仓储和邮政业	批发、零售业和 住宿、餐饮业
1	0.000000	0.000000	0.000000	0.000000
2	0.003334	0.019586	−0.001774	0.014824
3	0.006124	0.041388	0.005026	0.032497
4	−0.001172	0.039443	0.009256	0.040954
5	−0.003858	0.036727	0.008884	0.041098
6	−0.003271	0.039209	0.007612	0.041387
7	−0.002278	0.043627	0.008601	0.043992
8	−0.003574	0.043199	0.009591	0.045482
9	−0.004313	0.041884	0.009476	0.045123
10	−0.004102	0.042090	0.009042	0.044778

第三节　结论和政策建议

从前面两节的分析结果我们知道，目前城镇化主要二氧化碳排放部门中，工业部门的二氧化碳排放占比最大，建筑业部门、交通运输仓储和邮政业部门、批发零售业和住宿餐饮业部门的二氧化碳排放比重相对工业部门来说较小，但随着工业部门二氧化碳排放比重逐渐下降，其他部门比重会逐渐上升。从未来10期的冲击分析可知，未来的工业部门二氧化碳排放趋势将有反转，而其余三个部门二氧化碳排放占比会逐渐上升。

因此，考虑到工业部门是城市二氧化碳排放的主要拉动因素，为了实现城镇化低碳发展，首先要严格控制工业部门的二氧化碳排放。我国目前处于工业化的中期，工业化的特征为大量消耗、大量排放、大量污染，这也是造成资源环境压力的主要因素。在应对气候变化和转型发展的背景下，要积极发展绿色经济，调整产业结构，依靠技术的创新而不是要素的投入驱动发展。未来一段时间建筑业部门的二氧化碳排放占比会逐渐增加，这给节能减排带来很大的压力，我国的建筑能耗和排放长期处于一个较高的水平，为了推进建筑业节能减排，需要加强建筑节能政策法规建设，完善建筑节能技术支撑体系建设，强化建筑节能政府监管体系建设，加强建筑节能市场服务体系建设。我们注意到交通运输物流行业和餐饮服务业的能源消耗和二氧化碳排放逐渐增加，且可以预期随着我国经济转型，在消费升级和第三产业发展的背景下，由交通和第三产业等引起的二氧化碳排放压力会越来越大。为此，需要实行低碳交通发展，大力鼓励新能源汽车发展，完善城市公共交通体系。另外，在我国大力促进消费的背景下，需要通过相应的法律和经济手段鼓励绿色消费，促进第三产业绿色低碳发展。

城镇化的不同发展阶段，不同产业部门所占的比重不同，与此相对应的是不同的城镇化阶段对二氧化碳排放的影响也有差别：第一阶段，城镇化和工业化快速发展，但是二氧化碳排放主要由城市里面的工业部门快速扩张驱动；第二阶段，由于工业化到一定程度，工业部门发展对二氧化碳排放的驱动力减弱，此时，由于城镇化加速，收入增加，城市发展过程中的交通、建筑和其他消费需求驱动二氧化碳排放快速增加；第三阶段，工业转型和城镇化进一步发展，共同驱动二氧化碳排放，但二氧化碳排放速度降低。为了分析我国城镇化如何影响二氧化碳排放，需要结合城市内部不同部门二氧化碳排放的变化来总结城镇化影响二氧化碳排放的规律。

研究发现，工业部门、建筑业部门、交通物流行业部门和住宿餐饮服务业部门的二氧化碳排放都在持续快速增加，工业部门二氧化碳排放占比最大，但是比重持续下降，考虑到工业部门二氧化碳排放量最大，所以未来减排的空间也很大。建筑业二氧化碳排放占比在缓慢增加，但是占比最小。而其余两个经济部门占比都在增加，按照其比重，交通运输、仓储和邮政业比重仅次于工业部门比重，到2010年年底接近10%。批发、零售业和住宿、餐饮业部门二氧化碳排放占四个部门二氧化碳排放比重在缓慢增加。短期内，我国的工业化和城镇化还将继续发展，可以预见工业部门二氧化碳排放比重大的局面不会改变，工业部门节能减排的潜力非常大。同时随着我国工业化和城镇化的进一步发展，经济发展方式转型，未来以交通物流和餐饮住宿为代表的服务业将成为节能减排和经济发展的重点。

第七章　我国城镇化低碳发展思路研究

　　根据世界城镇化发展的规律，城镇化率在30%~70%之间时，城镇化会加快发展。我国仍处于城镇化率30%~70%的快速发展区间，但如果延续过去传统粗放的城镇化模式，会带来产业升级缓慢、资源环境恶化、社会矛盾增多等诸多风险，甚至可能落入"中等收入陷阱"，进而影响现代化进程。当前，全国100多个城市（如上海、北京、保定等地）都提出低碳城市的构想，但大多都处于尝试阶段，尚未形成系统的发展思路。由于我国城镇发展面临的经济、社会、资源环境和历史的原因，低碳城镇化发展面临诸多问题。

　　首先，我国城市发展与城市产业发展不协调。我国正处于工业化的中后期，重工业化的产业结构明显，而以现代服务业为代表的第三产业比例过低。同时由于在以经济发展为中心的指导下，我国各地区的城市发展均以经济发展为导向，没有考虑到区域的资源环境条件，导致城市的产业模式大致雷同，大多数城市过多地依赖于高投入、高消耗、高排放的第二产业。其次，我国城市能源消费结构不合理，能耗较高。由于我国煤炭储量丰富，清洁能源大多依赖进口，这导致我国的城市能源煤炭消费比率过大。同时我国的能源利用效率低下，单位GDP能耗低于世界平均水平，远低于发达国家水平，这导致我国城镇化形成高消耗、高排放的粗放模式。最后，我国城市在长期发展过程中市场化的动力不足。由于一些地方政府以短期的政绩观为导向，为了追求经济的发展，大力发展低效率、高排放的第二产业，这些产业二氧化碳排放具有锁定效应，严重阻碍低碳城市转型，因此在城市管理过程中需要加强市场的力量，提高政府管理水平。

目前我国低碳城镇化发展面临着政府失灵和市场失灵。首先，空气作为一种公共物品，具有使用的非竞争性和排他性，二氧化碳排放具有负的外部性。从世界范围来看，温室气体排放造成的气候变暖是由多个国家历史累积排放造成的，而产生的负外部性需要其他国家承担，造成了一种"公地悲剧"；从我国内部来看，排放二氧化碳应承担的责任不明确，各个城市排放二氧化碳尚不具有明确的外部约束，各地低碳发展的制度约束不强，推动低碳发展的内在动力不足。其次，政府作为一种利益主体，由于有内在的利益诉求，在制定城市发展政策时，从自己和相关利益集团的角度出发，不利于公平和低碳发展。

在厘清我国城镇化和二氧化碳排放之间的关系之后，本书进一步分析国内外城镇化低碳的发展经验，在此基础上，找出我国城镇化低碳发展的核心要点和重点领域，提出我国城镇化低碳发展的思路。

第一节　城镇化低碳发展的国际经验

城镇化低碳发展的核心是发展低碳城市，其理念来自低碳经济。2003年英国政府发表《能源白皮书》，最早提出低碳经济的概念：以更少的资源消耗和低环境污染的同时得到更多的经济产出，创造更高的生活标准和更好的生活质量，同时创新技术，创造更多的商机并制造更多的就业机会。在全球气候变暖和各种极端天气频发的背景下，低碳经济理念受到了国际社会的广泛关注，低碳城市应运而生。世界自然基金会（WWF）这样定义低碳城市：城市在高速发展的前提下，保持较低的能源消耗二氧化碳排放，城市以低碳经济为发展模式，城市居民以低碳生活为理念，政府以建设低碳社会为蓝图。低碳城市建设包括：第一，建立低碳的产业结构体系，通过调整产业结构和转变经济发展模式来发展低碳经济；第二，完善低碳的基础设施体系，建设以低排放、高能效为特征的低碳城市；第三，建立低碳的消费体系，引导居民形成绿色低碳的消费习惯；第四，强调制度的保障，推动政府、企业和个人参与建设低碳城市。在建设低碳城市的框架下，不同的国家和地区根据国家的经济社会现状，摸索出不同的低碳城市发展模式，主要包括如下几种。

一、英国模式——应对气候变化行动

英国首先提出"低碳经济"的概念，同时也是践行低碳城市建设的先行者。英国为了推动经济向低碳化转型，成立了碳信托（Carbon Trust）基金会，负责协调公共部门和私营企业，积极发展绿色低碳技术，协助各个部门和行业的二氧化碳减排。通过碳信托基金会，英国首先推动布里斯托、利兹和曼彻斯特三个城市实施低碳城市项目，根据低碳城市项目框架制定和规划低碳城市发展规划。而伦敦则提出了一系列的低碳发展行动计划。

总的来说，英国应对气候变化模式的特点有：第一，根据英国政府承诺的减排目标，确定城市低碳目标，并提出量化的指标。英国的目标是2020年的减排绝对量是1990年水平的26%~32%，到2050年则上升到60%，与此相对应，伦敦应对气候变化目标为2007—2025年每年减排4%。第二，低碳城市实施的关键是大力推广使用可再生能源、提高能源利用效率和降低能源需求，如作为英国低碳城市项目首批示范城市之一的布里斯托市，该市在规划应对气候变化行动的时候明确提出控制二氧化碳减排的重点在于更好地利用能源。第三，低碳城市建设的重点领域是建筑和交通。根据布里斯托市和伦敦市的二氧化碳排放核算，建筑和交通两个部门是二氧化碳排放的主要因素，因此将此作为低碳城市减排的重点领域。第四，强调技术创新在低碳城市建设中的重要作用，同时构建科学的管理体系。英国强调低碳城市建设需要创新发展绿色技术，鼓励绿色产品

的应用，在创新技术和推广新产品的同时，构建低碳城市发展的规划和政策管理体系。综合发挥政府引导和示范的作用以及发挥公众参与的作用，并通过实施重点工程带动低碳城市的建设。伦敦应对气候变化的具体措施见表7-1。

表7-1 伦敦应对气候变化的具体措施

重点领域	二氧化碳排放比例	具体措施	截至2025年的目标
存量住宅	40%	绿色家庭计划（Green Homes Programme） • 顶楼与墙面绝缘改造补贴 • 家庭节能与循环利用咨询 • 社会住宅节能改造	700万吨
存量商业与公共建筑	33%	绿色机构计划（Green Organizations Programme） • 建筑改造伙伴计划 • 绿色建筑标识体系	700万吨
新开发项目		修正伦敦城市总体规划对新开发项目的要求，特别是 • 采用分散式能源供应系统 • 在规划中强化对节能的要求 • 节能建筑和开发项目的示范	100万吨
能源供应		向分散式、可持续的能源供应转型 • 鼓励垃圾发电及其应用 • 利用本地化可再生能源 • 建设大型可再生能源发电站 • 通过新的规划和政策激励可再生能源发电 • 鼓励碳储存	720万吨
地面交通	22%	改变伦敦市民出行方式，加大在公共交通、步行和自行车系统上的投资；鼓励低碳交通工具和能源；对交通中的二氧化碳排放收费	430万吨

资料来源：GREATER LONDON AUTHORITY.Action today to protect tommorrow：The Mayor's climate change action plan［EB/OL］.［2008-5-28］.http：//www.london.gov.uk/mayor/environment/climate-change/docs/ccap-fullreport.pdf//刘志林，戴亦欣，董长贵，齐晔.低碳城市理念与国际经验［J］.城市发展研究，2009（6）.

二、日本模式——低碳社会

低碳发展作为人类对环境的新认识，与生态经济、循环经济和绿色经济一脉相承。日本由于地少人多，资源匮乏，加之曾发生过大规模的环境污染事件，所以极其重视环境保护和资源节约利用，在绿色低碳发展的潮流中，构建了一个宏大的低碳社会建设计划。日本构建"低碳社会"始于2008年，时任日本首相福田康夫提出日本应对以后变化的政策——"福田蓝图"。根据蓝图，确定日本的长期减排目标，加以量化，并根据蓝图制订"低碳社会行动计划"，提出具体措施和行动日程。

具体来说日本构建低碳社会模式的特征有：第一，低碳社会建设目标的灵活性，日本构建低碳社会考虑了经济发展和环境两个目标，并提出两条路径模式。一条路径是侧重高密度的城市发展模式，追求经济的发展；另一条路径是侧重较低密度的城市发展模式，追求市民生活的舒适。第二，构建低碳社会行动组织的计划性，并强调多部门协调。根据计划，针对产品全生命周期实行低碳发展，即在企业设计和制造以及居民消费和垃圾处理等所有环节融入低碳的理念。第三，强调重点领域共同参与协调行动。第四，强调政府在低碳社会建设中的作用。根据低碳行动计划，政府需要完善促进低碳发展的政策，比如通过征收碳税来释放发展低碳经济的信号，推动经济的绿色发展。同时根据行动计划，政府在交通和社区环节积极推行低碳发展，主要包括改善交通污染和推广可再生能源使用，计划还特别强调低碳基础设施的建设发展。

三、美国模式——市场主导

美国的城市特征是城市密度低，呈分散型空间布局。这种城市空间分布特征带来了许多能源环境问题。第一，由于城市密度低，所以城市面积较大，占用土地面积较大，造成了严重的土地资源浪费和生态破坏问题。第二，由于城市密度低、面积大，使得人口较为分散，这样公共基础设施效率较低，且投入大。第三，交通能源消耗大，且排放多。由于美国的石油价格相对便宜，且人们居住地离工作地距离较远，私人汽车使用较多，这些导致更多的能源消费和更多的二氧化碳排放。但是由于美国作为全球能源消费大国和二氧化碳排放主要国家，面临着资源的压力和国际气候变化谈判的压力，所以美国也注重低碳城市发展。由于美国最早积累了排污权交易的经验，强调市场在环境保护中的作用，因此，美国的低碳城市发展模式为强调市场作用。

首先，美国自愿减排市场发展迅速。虽然美国退出了《京都议定书》，但是作为市场经济最为完善的国家之一，美国国内的自愿减排市场发展迅速。美国已经形成了以自愿减排市场为主的覆盖较多地区和囊括多行业的多层次、多元化的碳减排交易市场。其次，美国在低碳城市建设过程中，市场化力量较多，减排的主要角色是以企业为主导。企业具有贴近市场的优势，在全球应对气候变化的背景下，企业实行绿色创新的动力更足。所以在低碳城市发展过程中，美国的企业发挥的作用更大，形成了一些新兴的产业和新的技术，并形成市场化的力量推广和应用这些技术，推荐使用低碳产品。

四、对中国的启示

近几年，低碳城市理念在我国不断推广，我国部分城市也进行了低碳城市建设的试点和行动。2007年，上海和保定被世界自然基金会（WWF）选为低碳城市试点。2008年，中国启动低碳城市发展项目，根据低碳发展项目选定了五个低碳发展示范城市，随后保定、上海和北京展开了相关的规划和行动，摸索城市转型低碳发展的经验。2011年，中国进一步确定了五省八市的低碳省区和低碳城市试点。由此可见我国低碳城市建设正在不断推进。但是综合我国国情和他国的经验，中国的低碳城市发展不能完全照搬其他国家的做法。与西方发达国家已实现工业化和城镇化不同，我国正处于工业化和城镇化快速推进的时期。因此，我们需要摸索一条工业化进程中的低碳城镇化发展路径。

根据发达国家的低碳城市发展经验和我国的国情，我国发展低碳城市的原则为：第一，经济的发展不能以牺牲环境为代价，同时低碳城市的发展不能牺牲经济发展，降低人民的生活质量，应该寻求一条城市发展和低碳经济协调发展的双赢道路。第二，我国的低碳城市发展应该综合日本等国家强调政府规划和美国等国家强调市场的经验，通过政府"看得见的手"和市场"看不见的手"两方面的作用，推动低碳城市建设的规划和实施。第三，我国处于城镇化和工业化的赶超发展阶段，低碳城镇化的重点领域应该与其他国家有所不同，我们应该强调通过调整产业结构和降低产业能耗来转变发展方式，实现城镇化低碳发展，这与西方国家强调交通部门和建筑部门有所不同。

第二节　我国城镇化低碳发展的思路

我国处于工业化和城镇化快速发展时期，一方面面临着发展不足的问题，另一方面经过多年的快速发展，出现了资源环境约束过多、传统发展模式难以为继的局面。而在城镇化的过程中我国面临的问题也很突出：首先，我国人口众多，资源环境匮乏，城镇化的空间约束较大，区域发展不平衡。其次，我国随着城镇化进一步的推进，亟需通过实现城镇化低碳绿色发展，为我国的经济发展提供新的动力的同时，也探索一条破解当前传统发展模式难以为继的绿色发展新道路。

我国城镇化低碳发展的目标就是在城镇化过程中将环境治理的目标放在与经济社会发展目标相等的地位，同时在制定经济社会政策时将这个目标融入政策制定的范畴，通过法律和政策的手段实现城镇绿色发展。在城镇化低碳发展目标的约束下，经济产出也会更有效率，一个绿色发展的城市同时也是一个效率更高的城市。因此，城镇化低碳发展其实是实现经济和环境协调发展的必由之路。随着中国的经济发展到一定程度，对于清洁的空气和良好的生活环境的需求也必然增加，因此实现城镇化低碳发展也是内部发展的需要。城镇化低碳发展的核心是通过改变城市发展的传统政策思路，通过更多地融入绿色发展的观念，采用经济手段刺激绿色发展，并相应地改变政府管理城市的思路。为了达到城镇化低碳发展的目标，需要制定并严格执行绿色发展的法律，特别是对于当前所面临的水污染和大气污染严重的问题，制定相应的污染控制法律法规，明确企业和个人的行为规范，做到有法可依，执法必严。在城市管理和规划过程中，要在城镇基础设施、建筑和交通等方面强调能源效率的因素，推动城市能源消耗由高碳的煤和石油为主的能源结构转向以天然气和可再生能源为主的清洁能源结构。

一、通过推动产业发展促进城镇化低碳发展

我国城镇化与工业化快速推进，根据前面的研究，我国城市中工业部门的二氧化碳排放量占比最大，因此，要实现城镇化低碳发展，最重要的切入点是产业发展。我国实行城镇化低碳发展的目标是兼顾经济发展目标与环境保护，因此不能为了一味追求绿色而放弃经济发展的目标，同时也不能不顾环境问题而盲目发展经济。在全球低碳经济发展的背景下，低碳经济的发展为我国的产业发展带来挑战的同时也带来了机遇，城镇化的发展以产业为载体，因此城镇化低碳发展的落脚点就是通过调整产业结构，发展绿色低碳产业。

首先，通过调整产业结构推动城镇化低碳发展。城镇化的过程也是产业结构动态调整的过程，城镇化过程不仅是第一产业规模缩小、第二和第三产业规模扩大的过程，同时也是第二产业和第三产业内部调整的过程。目前我国处于工业化的中后期，第二产业占城市经济比重过大，导致了能源消耗过多、二氧化碳排放量过大，这一方面也是发展阶段的问题，另一方面也是发展观念的问题。为了扭转当前面临的消耗大、排放高的发展局面，需要通过优化产业结构，实现低碳绿色发展。在具体发展过程中，第

一要通过提高创新能力作为产业结构调整的根本手段，通过发展绿色低碳技术，提高科技含量，不断提高能源利用效率，减少二氧化碳排放，使得产业发展依靠资源驱动转变为依靠创新驱动。第二在产业政策上，要合理规划，采取市场和行政相结合的手段，严格控制高消耗、高排放的产业规模，如水泥、钢铁等制造业，积极淘汰落后产能。发挥市场主导作用，通过要素价格改革，借助价格信号传导来淘汰重污染产业。同时，大力发展高新技术产业，积极发展现代服务业，将服务业作为未来城市的主导产业，通过产业升级和转型实现城市经济的低碳发展。

其次，鼓励不同城市根据自身的发展优势选择低碳产业拉动模式和低碳支撑产业发展模式。鼓励有条件的地区根据城市独特的资源和优势，发展高新技术产业、教育业或旅游业，探索将低碳产业作为城市发展的支柱产业，通过支柱产业的发展推动城镇化低碳发展。同时有条件的城市也可以对现有产业进行低碳化改造，如利用绿色低碳技术，更新生产线，这样一方面能促进低碳发展，另一方面有利于提高产业的竞争力。处于生态脆弱区的地区可以探索修复生态环境的技术，并将其发展为城市的支柱产业，这也是发展低碳产业的一种可行的途径。

二、构建城市部门低碳发展体系

（一）可持续的城市交通系统

交通部门二氧化碳排放是导致城市碳排放的重要因素，根据前面的分析，未来我国的交通部门二氧化碳排放持续增加，所以为了实现城市低碳发展，需要构建可持续的城市交通体系。实行可持续的城市交通系统包括三个方面：

第一，严格控制私人交通工具保有量快速增加的趋势，大力发展城市公共交通和轨道交通。私人交通工具二氧化碳排放高，效率低，容易导致城市拥堵。目前我国城市公共交通发展远远不能适应经济社会发展和人民群众出行需要，多数城市公共交通出行比例偏低。为从根本上缓解交通拥堵、出行不便、环境污染等矛盾，必须树立公共交通优先发展的理念，将公共交通放在城市交通发展的首要位置。要按照方便群众、综合衔接、绿色发展、因地制宜的原则，加快构建以公共交通为主，由轨道交通网络、公共汽车、有轨电车等组成的城市机动化出行系统，同时改善步行、自行车出行条件。

第二，积极淘汰高排放的黄标汽车，大力推广发展新能源汽车。为了实现交通部门的减排，需要淘汰高污染、高排放的交通工具。研究表明，虽然黄标汽车占城市汽车的比例较小，但是其导致了大部分的颗粒物、氮氧化物和碳氢化合物的排放。因此，需要快速淘汰高排放黄标汽车，通过市场的手段提高黄标汽车的购买和使用成本，加快淘汰速度。同时，积极发展新能源汽车，包括在新能源汽车研发、购买和上牌环节实行补贴和减免税，通过财政和金融政策促进新能源汽车的发展。财政政策包括新能源汽车研发专项补助，新能源汽车购买补贴；金融政策包括新能源汽车生产企业的利率优惠，新能源汽车利率优惠等政策。

第三，提高交通基础设施的规划和建设水平。其一，科学合理规划交通体系，高度重视交通与土地利用的整合规划，做好综合交通枢纽规划设计。交通系统要支撑城市功能和空间发展战略的实现，交通规划设计要与周边的用地性质相协调。其二，提高道路网络建设的合理性，处理好城际交通与城市交通的衔接问题。在我国城市掀起基础设施建设高潮的同时，道路网络建设的合理性问题日益凸显。我国部分城市目前存在过分追求宽而大的道路，这样会导致基础设施浪费和排放量过高，与发展绿色交通背道而驰。另外，我国城市交通系统处于不平衡状态，道路交通拥挤，停车难，城市交通导致的环境污染问题严重，传统交通管理仅以解决车辆移动为出发点满足机动化出行等问题，而未综合考虑人们对交通出行的各种需求来采取管理对策以解决这些问题。因此应科学实施交通需求管理。

第四，为了促进新能源汽车的发展，在发展交通基础设施的时候，规划交通体系要有前瞻性，积极将新能源汽车的需求纳入交通基础设施的规划，为新能源汽车的推广使用提供便利。

（二）绿色低碳建筑

由上一章的分析结果可知，目前我国建筑业二氧化碳排放比重逐渐加大，因此，为了推动城镇化低碳发展，需要发展低碳建筑。低碳建筑作为一种环境友好的产品，具有正的外部性。由于低碳建筑存在一定程度的"市场失灵"，因此政府在推广低碳建筑的过程中应发挥重要的作用。政府在推动建筑业节能减排的过程中，需要从四个层面发挥作用。

第一，政府在公共建筑的建设过程中，要加强能效管理，推动公共工程的低碳化建设。公共建筑一般体量较大，能耗也高。同时，公共建筑的所有权归国家所有，因此在能耗和环境保护方面没有明确的责任主体，为了推动公共建筑减排，最有效的措施就是在公共工程建设的初期加强审核。在使用时期，也要大力倡导节能减排。

第二，推广低碳建筑材料和设备的使用。由于建筑业具有很强的锁定效应，一般建筑业减排弹性较低。所以在建造初期，政府应该积极推动使用低碳环保的材料。比如说，对于必要的建筑材料，可以考虑设定质量和能效标准，并建立相应的审核体系，强制推广低碳绿色的材料。另外，考虑到建筑的能耗有一大部分是在使用过程中产生的，因此需要提高建筑内部设备的减排标准，推广能效高的设备。

第三，政府应该加强低碳示范园区的建设。低碳示范园区具有摸索发展绿色建筑经验和传播低碳生活理念的作用，可以通过建设低碳示范园区，将低碳生活打造成一种趋势，引导推广使用新的建筑标准并推动高排放的旧建筑进行绿色改造。

第四，加强建筑业全生命周期的管理。一般来说产品会经历萌芽、成长、成熟和死亡四个时期。建筑包括自身的营造、使用、废弃均会产生环境后果，因此不光在建造初期和使用时期应实行低碳化，后期的保养和拆除也要坚持低碳化的原则。因此，需要积极推动建筑材料再利用，在建筑业大力发展循环经济。

（三）发展新能源

在前面的分析中，我们知道城市的能源消耗会造成大量的二氧化碳排放，因此在推动城镇化低碳过程中，必须优化能源结构，大力推广天然气、水力、风力和核能以及核电等清洁能源的使用。同时创新能源使用结构，努力提高能效。

目前我国能源消费结构中煤炭的占比过高，而油气资源贫乏，大部分石油和天然气需要外购，与此同时核能和风能开发利用建设缓慢，新能源占比较低。而化石燃料中，煤炭的二氧化碳排放较高，导致二氧化碳排放量一直有增无减。为此，首先，应该发挥市场在资源配置中的决定性作用，依靠价格信号调节降低能源消费结构中高碳能源的比率。积极发展天然气产业，促进煤改气项目发展，将目前以煤炭为主的污染型能源结构逐步转变为以天然气、水电和核能等优质能源为主的清洁型能源结构。其次，加快发展风能、太阳能、核能和生物质能等新能源和可再生能源。

在使用清洁能源的同时，更应该注重提高能源效率，有效促进节能减排。消费化石燃料时，二氧化碳排放量与能源利用效率成反比关系。也就是说，随着能源利用效率不断提高，二氧化碳的排放会相应地降低；反之，随着能源利用效率的降低，单位能源二氧化碳排放量会不断地升高。所以，提高能源利用效率、增加能源产出、持续节约能源是降低二氧化碳排放最有效的途径。应积极优化能源消费结构，着力提高能源利用效率，具体通过优化产业结构、大力发展第三产业、促进结构节能；同时通过行政、财政或者税收政策刺激微观企业节能减排，促进企业和社会自觉节约能源。实现经济发展与环境保护的协调，走低碳发展和绿色发展的道路。

第三节　城镇化低碳发展要协调好政府和市场的关系

前面分析了我国城镇化发展过程也是政府放松管制、市场化程度提高的过程，研究实证分析了市场程度提高在城镇化影响二氧化碳排放过程中具有正向作用。将城市看作一个整体的话，城市作为一种准公共物品，具有使用的非排他性和非竞争性，同时城市的二氧化碳排放具有负的外部性，因此，城镇化低碳发展存在"市场失灵"的可能。城市的管理者和管理机构本质上作为一个理性"经济人"，在城市发展的规划和建设过程中，难免受到自身利益和相关利益集团的影响，因此，城镇低碳化发展也存在"政府失灵"的可能。在城镇化过程中，考虑到"市场失灵"和"政府失灵"，需要协调好市场和政府的关系，综合政府管制和发挥市场调节器的功能，协调城市发展的经济目标和环境目标，促进城市低碳发展。

城市作为经济活动的载体，需要在一定空间上集聚，所以城市的发展需要符合经济规律和自然规律。市场机制在处理经济与自然关系的问题上存在天然的不足。市场机制是以价格机制为核心的经济运行机制，表面上是调节资源配置的一种手段，本质上是调节人与人之间的经济关系，虽然理想的市场可以实现资源的最优利用，但市场机制不是为解决人与自然的关系而出现的。市场机制很难调节经济系统与环境系统之间的物质和能量流动关系。城镇化过程中二氧化碳排放量过大的根源在于人类经济活动本身的不可持续性，这至少表现在两个方面：第一，经济系统内物质流动是线性的，城镇化过程没有考虑自然的承载能力，大量消耗，大量排放；第二，以分散的个体为基础的自由市场机制，不能从整体的视野和长远的眼光来配置资源，不能从"环境—经济大系统"来统筹人的发展和自然之间的关系。

低碳化发展是经济运行的一种模式，它不是意图改变经济运行的内在规律，而是通过一种制度安排，规范和引导经济运行的路径。市场经济是一种经济运行机制，是在特定资源、技术、组织制度等因素的激励和约束下，根据一定的价值标准和经济活动目标来组织、协调经济活动。城镇化低碳发展的目标决定了它的发展既要按照经济规律充分发挥市场机制配置资源的基础作用，又要按照生态规律的要求，通过政府和制度的力量来限制和引导市场活动的范围和方向。在城镇化发展过程中，政府所制定的政策、制度和规范是引导经济发展方向的重要力量，而发挥市场机制的作用则是符合经济运行规律的内在要求。因此，城镇化低碳发展本质上是协调好政府和市场关系的问题。政府在城镇化低碳发展过程中的作用可归纳为两个方面：一是建立实施限制和规范城镇化参与主体行为的政策制度；二是通过制定激励性的政策措施和手段引导城镇化活动向低碳经济的目标发展。而市场的作用则是在政府的限制下，有效地组织和协调经济活动，按照低碳发展的要求最大程度地推动城市发展所需的资源合理利用。

第四节　小　结

我国正处于工业化和城镇化快速发展时期，一方面面临着发展不足的问题，另一方面经过多年的快速发展，出现了资源环境约束过大、传统发展模式难以为继的局面。而在城镇化的过程中我国面临的问题也很突出。因此，亟需通过实现城镇化低碳绿色发展，为我国的经济提供新的动力的同时，也探索一条破解当前传统发展模式难以为继的绿色发展新道路。研究提出的我国城镇化低碳发展思路为：

第一，通过推动产业发展实现城镇化低碳发展。一方面，通过调整产业结构推动城镇化低碳发展。另一方面，鼓励不同城市根据自身的发展优势选择低碳产业拉动模式和低碳支撑产业发展模式。

第二，构建城市经济部门低碳发展体系。首先，实行可持续的城市交通体系：严格控制私人交通工具保有量快速增加的趋势，大力发展城市公共交通和轨道交通；积极淘汰高排放的黄标汽车，大力推广发展新能源汽车；提高交通基础设施的规划和建设水平。其次，大力推广城市低碳建筑：政府在公共建筑的建设过程中，要加强能效管理，推动公共工程的低碳化建设；推广低碳建筑材料和设备的使用；加强低碳示范园区的建设；加强建筑业全生命周期的管理。最后，在推动城镇化低碳过程中，必须优化能源结构，大力推广天然气、水力、风力和核能以及核电等清洁能源的使用。同时创新能源使用结构，努力提高能效。

　　第三，城镇化低碳发展需要协调好政府和市场的关系。在城镇化过程中，考虑到"市场失灵"和"政府失灵"，需要协调好市场和政府的关系，综合政府管制和发挥市场调节器的功能，协调城市发展的经济目标和环境目标，促进城市低碳发展。

第八章　结论和展望

当前我国处于城镇化快速发展时期，城镇化快速发展带来了资源消耗过大、环境污染严重等问题，传统的城镇化发展模式到了难以为继的地步，亟需进行城镇化转型。作为二氧化碳排放大国，在外部面临巨大的应对气候谈判的压力和内部经济发展转型的双重压力下，绿色低碳发展是我国新型城镇化发展的重要方向。基于此，本书以"我国城镇化对二氧化碳排放的影响研究"作为选题，试图对城镇化和二氧化碳排放的关系进行深入研究，探究城镇化影响二氧化碳排放的作用机理、二者关系的时间和空间变动规律，以期为我国特色新型城镇化发展和应对气候变化工作提供决策参考。在具体研究中，首先分析我国城镇化发展和二氧化碳排放现状，继而用主要篇幅从规模、结构和效率三个角度探讨了我国城镇化影响二氧化碳排放的作用机理，分析了城镇化影响二氧化碳排放的长期和短期效应、区域差异和市场化因素对城镇化影响二氧化碳排放的作用，以及城市的不同经济部门对二氧化碳排放的影响，最后在以上研究结论的基础上提出我国城镇化低碳发展的思路。

第一节　研究结论

第一，我国城镇化的历程和特点。本书将我国的城镇化历程分为四个阶段：恢复发展期（1949—1957）、剧烈波动期（1958—1965、基本停滞期（1966—1978）和加速发展期（1978年到现在）。总的来说，我国的城镇化经历了正常发展阶段，也经历了快速发展的阶段，甚至还经历了倒退，可以说我国的城镇化发展曲折不平。本书总结了我国城镇化发展的特点：首先是城镇化滞后于工业化，并认为形成这种局面是由发展城镇化的指导思想偏差和传统工业化道路的先天缺陷引起的；其次是区域城镇化水平差异大，这种情况是由不同地区的人口、资源环境和经济发展状况所决定的，因此在城镇化发展过程中考虑区域差异性；再次是我国的城镇化发展主要是政府主导型发展方式；最后是我国城镇化发展的资源环境代价大。

第二，城镇化从规模、结构和效率三个层面影响二氧化碳排放。城镇化影响经济规模：城镇化过程伴随着人口和产业的集聚和分工深化，带来了集聚效应，集聚效应通过空间上集聚、外部性和规模性来发挥作用，集聚和分工导致供给能力的提高和有效需求的扩大，从而使经济规模迅速扩大，而经济规模的扩大带来的直接后果是二氧化碳排放的增加。城镇化导致结构的变化：城镇化的过程伴随着产业结构升级，第二产业和第三产业迅速发展的同时，第二产业和第三产业的人口就业比重不断增加，导致能源消费需求加大，最终这些变化会影响二氧化碳排放的变化。城镇化的技术效应：城镇化具有技术效应，表现为城镇化会推动技术创新和发展，而技术创新和发展则会从正向和负向两个方面影响二氧化碳的排放。进一步量化研究经济规模、结构变化和技术效应三个因素影响二氧化碳排放的程度发现：城镇化导致的经济增长是人均二氧化碳排放增加的主要拉动因素；而城镇化过程中产业结构和能源消费结构调整是拉低人均二氧化碳排放量的主要因素；城镇化过程中的技术效率拉低了人均二氧化碳的排放量，但相对而言，该因素对二氧化碳排放的影响效果最小。

第三，研究发现城镇化、工业化和二氧化碳排放之间存在长期稳定的关系，而短期内三者之间也存在波动效应。协整检验结果表明：中国城市化率每增加1个百分点，二氧化碳排放增加1.65个百分点；工业增加值占GDP的比重每上升1个百分点，二氧化碳排放相应增加2.26个百分点。而基于误差修正模型的短期波动效应分析结果表明，城镇化和工业化会向负向调整二氧化碳的排放，使二氧化碳排放趋向均衡，同时短期二氧化碳排放量的变动和调整会导致我国二氧化碳排放量在未来趋向一个稳定水平。进一步分析城镇化、工业化和二氧化碳排放之间的因果关系：城镇化是二氧化碳排放增加的Granger原因，而工业化不是二氧化碳排放增加的Granger原因；二氧化碳排放不是人口城镇化的Granger原因，工业化是城镇化的Granger原因；二氧化碳排放不是工业化的Granger原因，城镇化不是工业化的Granger原因。而从城镇化与工业化对二氧化碳排放冲击的动态效应分析结果可知：二氧化碳排放受到自身一个标准差的冲击，在第5期后达到最高点，随后冲击的影响减缓，在第10期后趋于平稳，但是冲击的影响并没有收敛；城镇化在获得一个正向的标准差冲击后，首先降低碳排放的速度，从第3期开始，逐渐刺激二氧化碳排放的增加，直到第11期达到最高值后，二氧化碳排放逐渐趋于平稳，但是并没有收敛；工业化对二氧化碳排放的影响与城镇化对二氧化碳排放的影响相似。因此，从二氧化碳排放增加的角度来说，我国的这种高碳的城镇化和工业化模式是不可持续的。

第四，研究选用30个省、区、市1998—2010年的面板数据分析了城镇化和市场化对二氧化碳排放的影响。实证结果发现，从整体样本来看，城镇化对二氧化碳排放具有正向作用，但城镇化与二氧化碳排放之间不存在倒U形关系。市场化对二氧化碳排放的影响是一个负向作用，考察市场化和城镇化的交乘项与二氧化碳的关系，市场化和城镇化的交乘项系数为负，说明市场化的进步会拉低城镇化导致的二氧化碳排放水平。另外研究也发现，不同区域的城镇化对二氧化碳排放具有不同的影响，东部地区和中部地区的城镇化对二氧化碳排放并没有显著的影响，西部地区的城镇化对二氧化碳排放有显著影响。考察市场化和城镇化的交乘项系数，中部地区和西部地区的市场化作用在城镇化对二氧化碳排放的影响中发挥着作用，且为负向作用，即中部地区和西部地区的市场化推进会降低城镇化过程中对二氧化碳排放的影响。同时，研究还发现不同市场化程度的城镇化对二氧化碳排放具有不同的影响，市场化程度高的地区城镇化与二氧化碳排放之间不存在明显的关系；中等程度市场化的地区城镇化对二氧化碳排放存在正向作用；市场化程度较低的地区城镇化对二氧化碳排放存在负向作用。而市场化相对较低的地区，市场化对二氧化碳排放的影响不明显。

第五，研究选取了城市中影响二氧化碳排放的主要经济部门，分析不同经济部门对二氧化碳排放的影响。结果表明工业部门、建筑业部门、交通物流行业部门和住宿餐饮服务业部门的二氧化碳排放都在持续快速增加，工业部门二氧化碳排放占比最大，但是比重持续下降，由于工业部门二氧化碳排放量最大，所以未来减排的空间也很大。建筑业部门二氧化碳排放占比在缓慢增加，但是占比最小。而其余两个部门无一例外占比都在增加，按照其所占比重，交通运输、仓储和邮政业比重仅次于工业部门比重，到2010年年底接近10%。批发、零售业和住宿、餐饮业部门二氧化碳排放占四个部门二氧化碳排放比重在缓慢增加。短期内，我国的工业化和城镇化还将继续发展，可以预见工业部门二氧化碳排放比重最大的局面不会改变，工业部门节能减排的潜力非常大。同时随着我国工业化和城镇化进一步发展，经济发展方式转型，未来以交通物流和餐饮住宿为代表的服务业将成为节能减排和经济发展的重点。

第二节　创新点和不足

本书从我国的城镇化发展和二氧化碳排放现状和特点出发，以理论分析和实证分析相结合，深入探讨了我国城镇化对二氧化碳排放的影响机理，从时间、空间以及城市不同部门等多角度揭示了我国城镇化发展影响二氧化碳排放的内在规律，得出了一定的启发性结论，可为我国城镇化低碳发展提供参考。

　　与其他的研究抽象地从经济增长、生产要素变化或结构的变迁等方面分析城镇化影响二氧化碳排放的机理有所不同，本书将城镇化影响二氧化碳排放的机理分为规模、结构和效率三个层面，分析了这三个因素可能对二氧化碳排放的正向和负向影响，并进一步基于1978—2010年的时间序列定量分析了这三个因素的影响程度。

　　本书采用了省级面板数据分析了城镇化对二氧化碳排放的影响，与其他采用面板数据研究的不同之处在于，研究中考虑了市场化在城镇化对二氧化碳排放影响过程中的作用，在模型的构建中引入了市场化和城镇化的交乘项，并基于不同市场化程度将我国分为三个样本群，分析了不同市场化程度的样本中城镇化影响二氧化碳的特点。研究结果发现，市场化程度高的地区，市场化提高会拉低城镇化对二氧化碳排放的影响。

第三节　研究展望

　　由于城镇化发展和二氧化碳排放之间的复杂性，因此本书在研究这两者之间的关系中所采取的理论和实证分析方法面临许多局限性：首先，城镇化过程的复杂性决定了城镇化对二氧化碳排放影响的机理较为复杂，所以本书仅从规模、结构和效率三个层面分析影响机理说服力尚显不足；其次，城镇化和二氧化碳排放之间的关系错综复杂，而在实证分析中仅选取主要变量，分析结果对现实的解释力会打折扣。

　　基于现有数据的不足和研究选题的复杂性，本书存在不足之处，需要进一步研究的主要问题有：

　　第一，在城镇化影响二氧化碳排放的机理分析中，将城镇化的影响因素分为规模、结构和效率三个层面，这主要是从人口城镇化过程中生产方式的改变这个角度来研究的。考虑到人口城镇化还包括消费方式城市化，这种消费方式的改变对二氧化碳排放的影响是不可忽视的，而且越来越多的研究表明，消费导致的二氧化碳排放比重会越来越大，因此在未来的研究中需要考虑消费在城镇化导致二氧化碳排放的影响过程中的作用。

第二，考虑到数据的可得性，在使用面板数据进行实证研究的过程中，选取的变量主要包括工业化率、城镇化率、经济外向度、市场化、经济规模等，这些变量难以涵盖城镇化变动对二氧化碳排放的影响。所以在未来的研究中，需要进一步引入固定资产投资、外商直接投资、不同部门就业人口等变量，进行更为全面的研究。

第三，为了更为完整地反映城市各部门经济发展中的二氧化碳排放量，在对城市部门二氧化碳排放的研究中，选用总体样本的时间序列应综合考虑采用各省各部门的能源消费数据来进行分析，以期得到更有说服力的结果。

参考文献

［1］ARRHENIUS S.On the influence of carbonic acid in the air upon the temperature of the ground ［J］. The London, Edinburgh, and Dublin Philosophical Magazine and Journal of Science, 1896, 41（251）: 237-276.

［2］联合国. 联合国气候变化框架公约 ［EB/OL］. ［2019-07-05］. https: //unfccc.int/sites/default/files/convchin.pdf.

［3］柏拉图. 理想国 ［M］. 吴献书, 译. 上海: 译林出版社, 2011.

［4］管子. 诸子集成 ［M］. 北京: 中华书局, 1996.

［5］HAUSE, SCHNORE.The study of urbanization ［M］. New York: Wiley, 1965.

［6］赫茨勒. 世界人口的危机 ［M］. 何新, 译. 北京: 商务印书馆, 1963.

［7］WILSON R S, BENNETT D A, BECKETT L A, et al.Cognitive activity in older persons from a geographically defined population ［J］. The Journals of Gerontology Series B: Psychological Sciences and Social Sciences, 1999, 54（3）: P155-P160.

［8］山鹿城次. 城市地理学 ［M］. 朱德德, 译. 武汉: 湖北教育出版社, 1986: 75-84.

〔9〕 WIRTH L. Urbanism as a way of life 〔J〕. American Journal of Sociology，1956：volume 44（1）.

〔10〕谢文蕙，邓卫. 城市经济学〔M〕. 北京：清华大学出版社，2008.

〔11〕陈颐. 中国城市化和城市现代化〔M〕. 南京：南京出版社，1998.

〔12〕成德宁. 城市化与经济发展：理论、模式与政策〔M〕. 北京：科学出版社，2004.

〔13〕潘德惠，郭亚军. 城市发展状况的综合评价方法〔J〕. 城市问题，1985，8（1）：1-7.

〔14〕裴青. 城市发展状况综合评价的指标与方法〔J〕. 地理与地理信息科学，1988，2：007.

〔15〕色诺芬. 经济论 雅典的收入〔M〕. 张伯健，陆大年，译. 北京：商务印书馆，1961.

〔16〕 SMITH A. An inquiry into the nature and causes of the wealth of nations〔M〕. Chicago：University of Chicago Press，1977

〔17〕杜能. 孤立国同农业和国民经济的关系〔J〕. 北京：商务印书馆，1997：35-42.

〔18〕韦伯.工业区位论〔M〕. 李刚剑，等译. 北京：商务印书馆，2010.

〔19〕 CHRISTALLER W.Central places in southern Germany〔M〕. Upper Saddle River：Prentice-Hall，1966.

〔20〕 LÖSCH A，WOGLOM W H.The economics of location〔M〕. New Haven：Yale University Press，1954.

〔21〕克鲁格曼. 发展、地理和经济理论〔M〕. 北京：北京大学出版社，2000.

〔22〕 MARSHALL A. The early economic writings of Alfred Marshall，1867-1890〔M〕. New York：Macmillan for the Royal Economic Society，1975.

〔23〕 HENDERSON J V. New economic geography〔M〕. London：

Edward Elgar Publishing，2005.

［24］杨小凯. 经济学原理 ［M］. 北京：中国社会科学出版社，1998.

［25］张培刚. 农业与工业化 ［M］. 武汉：华中科技大学出版社，2009.

［26］费孝通. 小城镇大问题 ［R］. 南京：江苏省小城镇研究讨论会，1983.

［27］辜胜阻. 非农化与城镇化研究 ［M］. 杭州：浙江人民出版社，1991.

［28］高珮义. 中外城市化比较研究 ［M］. 天津：南开大学出版社，1991.

［29］郑弘毅. 农村城市化研究 ［M］. 南京：南京大学出版社，1998.

［30］石忆邵，张洪武. 长江三角洲城市综合竞争力与区域优势分析 ［J］. 城市规划汇刊，2002 （1）：17-21.

［31］周牧之. 城市圈：中国 21 世纪城市化战略的引擎 ［J］. 现代城市研究，2001 （2）：3-6.

［32］徐康宁，王剑. 自然资源丰裕程度与经济发展水平关系的研究 ［J］. 经济研究，2006，1 （78）：2.

［33］李清娟. 集聚化：上海产业布局调整的方向 ［J］. 上海工业，2003，8：10-19.

［34］华民. 长江边的中国——对中国经济城市化发展的思考 ［J］. 毛泽东邓小平理论研究，2004 （1）：31-39.

［35］EHRLICH P R，HOLDREN J P，MEZIROW J，et al. Impact of population growth ［J］. Science，1971，171 （3977）：1212-1217.

［36］DIETZ T，ROSA E A. Rethinking the environmental impacts of population，affluence and technology ［J］. Human Ecology Review，1994，1：277-300.

［37］YOICHI KAYA. Impact of carbon dioxide emission control on GNP growth: Interpretation of proposed scenarios [P]. Paris: Presented at the IPCC Energy and Industry Subgroup, Response Strategies Working Group, 1989.

[38] ANG B W, ZHANG F Q, CHOI K H.Factorizing changes in energy and environmental indicators through decomposition [J]. Energy, 1998, 23 (6): 489-495.

[39] WANG C, CHEN J, ZOU J.Decomposition of energy-related CO_2 emission in China: 1957-2000 [J]. Energy, 2005, 30 (1): 73-83.

[40] 徐国泉, 刘则渊, 姜照华. 中国碳排放的因素分解模型及实证分析: 1995-2004 [J]. 中国人口·资源与环境, 2006, 16 (6): 158-161.

[41] JOHAN A, ALBRECHT J, FRANÇOIS D, et al. A Shapley decomposition of carbon emissions without residuals [J]. Energy Policy, 2002, 30 (9): 727-736.

[42] WU L B, et al. Driving Forces behind the stagnancy of China's energy related CO_2 emissions from 1996 to 1999: The relative importance of structural change, intensity change and scale change [J]. Energy Policy, 2005, 33: 319-335.

[43] FAN Y, LIU L C.Changes in carbon intensity in China: Empirical findings from 1980-2003 [J]. Ecological Economies. 2007, 62: 683-691.

[44] MA C, STERN D I.China's carbon emissions 1971-2003 [P]. Rensselaer Working Papers in Economics, 2007 (7).

[45] SCHIPPER L., MURTISHAW S, KHRUSHCH M, et al.Carbon emissions from manufacturing energy use in 13 IEA countries: Long term trends through 1995 [J]. Energy Policy, 2001, 29 (9): 667-688.

[46] 胡初枝, 黄贤金, 钟太洋, 等. 中国碳排放特征及其动态演进分析 [J]. 中国人口·资源与环境: 2008, (3).

[47] 刘红光, 刘卫东, 刘志高. 区域间产业转移定量测度研究——

基于区域间投入产出表分析［J］.中国工业经济，2011，6：79-89.

［48］ POUMANYVONG P，KANEKO S，DHAKAL S. Impacts of urbanization on national transport and road energy use：Evidence from low，middle and high income countries［J］. Energy Policy，2012，46：268-277.

［49］ COLE M A，NEUMAYER E.Examining the impact of demographic factors on air pollution［J］. Population and Environment，2004，26（1）：5-21.

［50］ ALAM S，FATIMA A，BUTT M S.Sustainable development in Pakistan in the context of energy consumption demand and environmental degradation［J］. Journal of Asian Economics，2007，18（5）：825-837.

［51］ PARIKH J，SHUKLA V.Urbanization，energy use and greenhouse effects in economic development：Results from a cross-national study of developing countries［J］. Global Environmental Change，1995，5（2）：87-103.

［52］ YORK R，ROSA E A，DIETZ T.A rift in modernity？ Assessing the anthropogenic sources of global climate change with the STIRPAT model［J］. International Journal of Sociology and Social Policy，2003，23（10）：31-51.

［53］ DIETZ T，ROSA E A，York R. Driving the human ecological footprint［J］. Frontiers in Ecology and the Environment，2007，5（1）：13-18.

［54］ SHARMA S S.Determinants of carbon dioxide emissions：Empirical evidence from 69 countries［J］. Applied Energy，2011，88（1）：376-382.

［55］ MARTÍNEZ-ZARZOSO I，MARUOTTI A.The impact of urbanization on CO_2 emissions：Evidence from developing countries［J］. Ecological Economics，2011，70（7）：1344-1353.

［56］ AUFFHAMMER M，CARSON R T.Forecasting the path of China's CO_2 emissions using province-level information［J］. Journal of Environmental Economics and Management，2008，55（3）：229-247.

［57］林伯强，蒋竺均.中国二氧化碳的环境库兹涅茨曲线预测及影响因素分析［J］.管理世界，2009（4）：27-36.

［58］陈诗一.能源消耗、二氧化碳排放与中国工业的可持续发展［J］.经济研究，2009，4：41-55.

［59］林伯强，刘希颖.中国城市化阶段的碳排放：影响因素和减排策略［J］.经济研究，2010，8（1）：22.

［60］李小平，卢现祥.国际贸易、污染产业转移和中国工业 CO_2 排放［J］.经济研究，2010，1：15-26.

［61］王锋，吴丽华，杨超.中国经济发展中碳排放增长的驱动因素研究［J］.经济研究，2010，2（123）：1.

［62］刘华军，闫庆悦.贸易开放、FDI 与中国 CO_2 排放［J］.数量经济技术经济研究，2011，28（3）：21-35.

［63］何吉多.中国城市化与碳排放关系实证分析［J］.西部论坛，2010，20（5）：79-86.

［64］郭郡郡，刘成玉.经济增长、FDI 来源与中国环境污染［J］.Journal of Sichuan University of Science & Engineering（Social Sciences Edition），2012，27（2）.

［65］杨骞，刘华军.中国碳强度分布的地区差异与收敛性——基于1995—2009 年省际数据的实证研究［J］.当代财经，2012（2）：87-98.

［66］NORTHAM R M.Urban geography［M］.New York：Wiley，1975.

［67］严成樑，龚六堂.熊彼特增长理论：一个文献综述［J］.经济学（季刊），2009，3：019.

［68］DICKEY D A，FULLER W A.Distribution of the estimators for autoregressive time series with a unit root［J］.Journal of the American Statistical Association，1979，74（366a）：427-431.

［69］ELLIOTT G.On the robustness of cointegration methods when regressors almost have unit roots［J］.Econometrica，1998：149-158.

[70] KWIATKOWSKI D, PHILLIPS P C B, SCHMIDT P, et al.Testing the null hypothesis of stationarity against the alternative of a unit root: How sure are we that economic time series have a unit root? [J]. Journal of Econometrics, 1992, 54 (1): 159-178.

[71] MACKINNON R.Determination of the subunit stoichiometry of a voltage-activated potassium channel [J]. Nature, 350: 232-235, 1991.

[72] ENGLE R F, GRANGER C W J.Co-integration and error correction: Representation, estimation, and testing [J]. Journal of the Econometric Society, 1987: 251-276.

[73] JOHANSEN S.Statistical analysis of cointegration vectors [J]. Journal of Economic Dynamics And Control, 1988, 12 (2): 231-254.

[74] JOHANSEN S, JUSELIUS K.Maximum likelihood estimation and inference on cointegration—with applications to the demand for money [J]. Oxford Bulletin of Economics and Statistics, 1990, 52 (2): 169-210.

[75] KOOP G, PESARAN M H, POTTER S M.Impulse response analysis in nonlinear multivariate models [J]. Journal of Econometrics, 1996, 74 (1): 119-147.

[76] KERSHAW D S.The incomplete Cholesky—Conjugate gradient method for the iterative solution of systems of linear equations [J]. Journal of Computational Physics, 1978, 26 (1): 43-65.

[77] CRAMER J C.Population growth and air quality in California [J]. Demography, 1998, 35 (1): 45-56.

[78] CRAMER J C.Population growth and local air pollution: Methods, models, and results [J]. Population and Development Review, 2002: 22-52.

[79] DAILY G C, EHRLICH A H, EHRLICH P R.Optimum human population size [J]. Population & Environment, 1994, 15 (6): 469-475.

[80] DIETZ T, ROSA E A.Effects of population and affluence on CO_2

emissions〔J〕. Proceedings of the National Academy of Sciences, 1997, 94 (1): 175-179.

〔81〕 ZABA B, CLARKE J I. Introduction: Current directions in population-environment research〔M〕//ZABA B, CLARKE J I (eds). Environment and population change. Liège: Derouaux Ordina, 1994.

〔82〕 CRAMER J C, CHENEY R P.Lost in the ozone: Population growth and ozone in California〔J〕. Population and Environment, 2000, 21 (3): 315-338.

〔83〕 SHI A.The impact of population pressure on global carbon dioxide emissions, 1975-1996: Evidence from pooled cross-country data〔J〕. Ecological Economics, 2003, 44 (1): 29-42.

〔84〕 MARTÍNEZ-ZARZOSO I, BENGOCHEA-MORANCHO A, MORALES-LAGE R.The impact of population on CO_2 emissions: Evidence from European countries〔J〕. Environmental and Resource Economics, 2007, 38 (4): 497-512.

〔85〕 JONES D W.How urbanization affects energy-use in developing countries〔J〕. Energy Policy, 1991, 19 (7): 621-630.

〔86〕 LIDDLE B, LUNG S.Age-structure, urbanization, and climate change in developed countries: Revisiting STIRPAT for disaggregated population and consumption-related environmental impacts〔J〕. Population and Environment, 2010, 31 (5): 317-343.

〔87〕 BORGHESI S, VERCELLI A.Sustainable globalisation〔J〕. Ecological Economics, 2003, 44 (1): 77-89.

〔88〕 COLE M A, RAYNER A J, BATES J M.The environmental Kuznets curve: An empirical analysis〔J〕. Environment and Development Economics, 1997, 2 (4): 401-416.

〔89〕 PANAYOTOU T.Globalization and environment〔R〕. Cambridge:

Center for International Development at Harvard University, 2000.

［90］ DINDA S.Environmental Kuznets curve hypothesis: A survey ［J］. Ecological Economics, 2004, 49 (4): 431-455.

［91］ EHRHARDT-MARTINEZ K, CRENSHAW E M, JENKINS J C. Deforestation and the environmental Kuznets curve: A cross-national investigation of intervening mechanisms ［J］. Social Science Quarterly, 2002, 83 (1): 226-243.

［92］ BREUSCH T S, PAGAN A R.A simple test for heteroscedasticity and random coefficient variation ［J］. Econometrica, 1979: 1287-1294.

［93］ HAUSMAN J A. Specification tests in econometrics ［J］. Econometrica, 1978: 1251-1271.

［94］ BARNES D F, KRUTILLA K, HYDE W F.The urban household energy transition: Social and environmental impacts in the developing world ［M］. New York: Routledge, 2013.

［95］ CRENSHAW E M, JENKINS J C. Social structure and global climate change: Sociological propositions concerning the greenhouse effect ［J］. Sociological Focus, 1996, 29 (4): 341-358.

［96］ GOULDSON A, MURPHY J.Ecological modernisation: Restructuring industrial economies ［J］. The Political Quarterly, 1997, 68 (B): 74-86.

［97］ MOL A P J, SPAARGAREN G.Ecological modernisation theory in debate: A review ［J］. Environmental Politics, 2000, 9 (1): 17-49.

［98］ MCGRANAHAN G.The citizens at risk: From urban sanitation to sustainable cities ［J］. International Journal of Sustainability in Higher Education, 2004 (6).

［99］ BAI X, IMURA H.A comparative study of urban environment in East Asia: Stage model of urban environmental evolution ［J］. International Review for Environmental Strategies, 2000, 1 (1): 135-158.

[100] MARCOTULLIO P J, LEE Y S F.Urban environmental transitions and urban transportation systems: A comparison of the North American and Asian experiences [J]. International Development Planning Review, 2003, 25 (4): 325-354.

[101] BURTON E.The compact city: Just or just compact? A preliminary analysis [J]. Urban Studies, 2000, 37 (11): 1969-2006.

[102] CAPELLO R, CAMAGNI R. Beyond optimal city size: An evaluation of alternative urban growth patterns [J]. Urban Studies, 2000, 37 (9): 1479-1496.

[103] BURTON, ELIZABETH, MIKE JENKS, et al.The compact city: A sustainable urban form? [M] London: Routledge, 1996.

[104] NEWMAN P G, KENWORTHY J R. Cities and automobile dependence: An international sourcebook [M]. Brookfield: Gower Publishing, 1989.

[105] BREHENY M.Densities and sustainable cities: The UK experience [J]. Cities for the New Millennium.London: Spon, 2001: 39-51.

[106] RUDLIN D, FALK N. Building the 21st century home: The sustainable urban neighbourhood [J]. Environmental Science, Sociology, 1999.